LA RÈGLE DU JEU

23ᵉ ANNÉE . MAI 2013 . N°52
DIRECTEUR : BERNARD-HENRI LÉVY

ISBN : 978 2 246 78682 5
ISSN : 1 148 8700

PHOTOGRAPHIE DE COUVERTURE :
FRANCIS PONGE, PARIS, CHEZ GEORGES BRAQUE, 1960
© ARMANDE PONGE

23ᵉ ANNÉE . MAI 2013 . **N°52**

DIRECTEUR BERNARD-HENRI LÉVY

CONSEILLERS JEAN-PAUL ENTHOVEN, GABI GLEICHMANN

RÉDACTRICE EN CHEF **MARIA DE FRANÇA**

RÉDACTEUR EN CHEF ADJOINT **PATRICK FABRE**

DIRECTEUR ARTISTIQUE **GRÉGOIRE GARDETTE**

COMITÉ DE RÉDACTION

ARMIN AREFI, PASCAL BACQUÉ, PHILIPPE BOGGIO, HÉLÈNE BRENKMAN,
GILLES COLLARD, ÉRIC DAHAN, LAURENT DISPOT, DAVID GAKUNZI,
PIERRE-HENRI GIBERT, DONATIEN GRAU, MARIE-JOËLLE HABERT,
RAPHAËL HADDAD, JACQUES HENRIC, GILLES HERTZOG, PATRICK KLUGMAN,
GUY KONOPNICKI, LILIANE LAZAR, JACQUES MARTINEZ,
PATRICK MIMOUNI, YANN MOIX, LAURENT DAVID SAMAMA,
BERNARD SCHALSCHA, ALBERT SEBAG, MARC VILLEMAIN, OLIVIER ZAHM

COMITÉ ÉDITORIAL

ANDREÏ BITOV, RUSSIE

BEI DAO, CHINE

EDGAR LAWRENCE DOCTOROW, ÉTATS-UNIS

JONATHAN SAFRAN FOER, ÉTATS-UNIS

CARLOS FUENTES, MEXICO

ADAM GOPNIK, ÉTATS-UNIS

MILJENKO JERGOVIC, BOSNIE

† TADEUSZ KANTOR, POLOGNE

IVAN KLÍMA, RÉPUBLIQUE TCHÈQUE

GYÖRGY KONRÁD, HONGRIE

TADEUSZ KONWICKI, POLOGNE

CLAUDIO MAGRIS, ITALIE

EDUARDO MANET, CUBA

PEDRAG MATVEJEVITCH, CROATIE

ABDELWAHAB MEDDEB, TUNISIE

† CZESLAW MILOSZ, POLOGNE

† RACHID MIMOUNI, ALGÉRIE

AMOS OZ, ISRAËL

ATIQ RAHIMI, AFGHANISTAN

SALMAN RUSHDIE, ANGLETERRE

MARJANE SATRAPI, IRAN

FERNANDO SAVATER, ESPAGNE

PETER SCHNEIDER, ALLEMAGNE

† JORGE SEMPRÚN, ESPAGNE

† SUSAN SONTAG, ÉTATS-UNIS

MARIO VARGAS LLOSA, PÉROU

DIRECTEUR DE LA PUBLICATION **GILLES HERTZOG**

Remerciements chaleureux à **Armande Ponge**

YANN **MOIX**

Le parti pris de Ponge

Une étude de *L'huître*

« Il s'agit moins pour nous de poésie que de Parole », écrit Ponge dans *Pour un Malherbe*. La poésie, en réalité, est la parole à l'état pur. Elle est (nous allons le voir) ce qui *restitue* la parole – le seul moyen sans doute, *aujourd'hui*, de restituer la parole. Quelle parole ? La parole *originelle*. *L'Huître* a comme sujet la restitution de cette parole, sinon totalement perdue, du moins ensevelie.

les cieux d'en-dessus s'affaissent sur les cieux d'en-dessous, pour ne plus former qu'une mare, un sachet visqueux et verdâtre

Il semble bien, en effet, que ce soit la parole qui, aujourd'hui, est engluée dans cette mare, si tant est qu'elle ne soit pas elle-même cette mare informe, visqueuse, verdâtre. Mais méfions-nous : *L'Huître* n'est pas une *métaphore* sur la parole poétique. L'écriture métaphorique n'intéresse pas Ponge : si métaphore il *semble* y avoir, elle n'est pas comparaison ; sa possibilité, sa

légitimité vient d'ailleurs, de plus loin. Ponge ne « compare »
pas la parole à l'huître (comme Ronsard la femme aimée à une
rose fraîchement éclose), ni l'ouverture du monde à l'ouverture
de l'huître. Non, Ponge révèle ici autre chose : qu'il existe une
harmonie quelque part, une résonance, une texture *commune*
entre la parole et l'huître. Ce n'est pas une métaphore, mais
l'expression d'un rayonnement fossile, l'expression d'un *dés-
oubli* : si les aventures de la parole paraissent semblables
aux aventures d'une huître, indique implicitement Ponge,
ne serait-ce pas parce qu'il existe une origine où la parole
et l'huître sont indissociables, indiscernables ? Ponge ne
dévoile-t-il pas cette vérité qu'*originairement*, la parole (dans
cette origine où « parole poétique » était une tautologie) a *fait
être* l'huître ? C'est ce que nous allons tenter d'élucider.
« Parole originaire ». Drôle de formule. « Élucider » paraît
donc être le terme approprié, car il semblerait bien, de l'aveu
de Ponge lui-même, qu'il y ait *mystère*. « Quoi, la *Parole* ?,
interroge-t-il dans *Pour un Malherbe*. Eh bien, ce phénomène
mystérieux – mystérieux dans son *origine* : les *raisons* de parler
et d'écrire ; mystérieux aussi dans ses effets : *l'accord* qui se
fait grâce à lui. » Ce mot d'*accord* est très important. Nous
allons le rencontrer par la suite sous des noms différents. Il va
nous permettre de déchiffrer ce fameux mystère d'une parole
originaire. Cet accord, il s'agit de l'entendre, dès à présent,
dans le sens où l'on *accorde un instrument* – par exemple : une
lyre.
« Et certes, ajoute Ponge de manière décisive, si l'on veut
nommer *Poésie* celle qui ne concerne que ce phénomène
mystérieux et adorable, la Parole ; qui la *manifeste* à la fois et
la pratique, et la cultive ; qui ne s'occupe enfin que de son
mystère, de son autorité et de son culte, alors c'est en effet la
Poésie qui nous intéresse. »
« Le raisin n'est rien d'autre que le mot *raisin* », nous dit Ponge.
Nous ne nous proposons ici qu'un seul but : comprendre

cette phrase. L'approfondir. En venir à bout, comme Ponge a voulu venir à bout des choses, en quelque sorte. Le dimanche ne serait rien d'autre que le mot *dimanche*, le coquelicot que le mot *coquelicot*, le crottin que le mot *crottin*, Debussy que le mot *Debussy*, la nuit que le mot *nuit*, Dieu que le mot *Dieu*, l'employé de banque que les mots *employé de banque*. Et l'huître ne serait rien d'autre – donc – que le mot *huître*.

Je rêve de trouver, non seulement la bonne formulation, mais la bonne *formule*.

Agréable impression, toutefois, comme Ponge, de franchir, peut-être, chaque fois un pas. De me rapprocher, autrement dit, de la compréhension de l'œuvre de Ponge, et notamment de cette *Huître* que nous étudions et qui va nous donner encore beaucoup de travail – je veux dire : beaucoup de plaisir (c'est encore ce que j'espère).

Écoutons Ponge dans « Braque ou l'Art moderne comme événement et plaisir » (*Le Peintre à l'étude*) : « Car enfin nous voilà aux prises avec les casseroles, les brocs, les caisses de bois blanc, un outil, un caillou, une herbe, un poisson mort, un morceau de charbon. Voilà des objets à qui nous demandons, car d'eux *nous savons l'obtenir*, qu'ils nous tirent de notre nuit, hors du vieil homme (et d'un soi-disant humanisme) pour nous révéler l'Homme, l'Ordre à venir. Comme nous les avons choisis aussi éloignés que possible de l'ancien pittoresque, voire de l'ancien langage, nous avons donc et n'avons plus dès lors qu'à les renommer, honnêtement, hors de tout anthropomorphisme, comme ils nous apparaissent chaque matin à l'aube, *avant* la pétition de principe, avant le sempiternel lacis des explications par le soleil, avant le prétoire garni à sa dévotion et son apparition, sous un dais, nimbé d'un trémolo de folie. Voilà le juste, le modeste propos de l'artiste moderne, voilà la nécessité où sa nature honnête le met. Voilà comment il travaille, parallèlement au savant et au militant politique, *comme eux avec passion dans une lumière froide.* Voilà comme il œuvre, dans sa spécialité, pour le peuple. À lui forger les qualités de l'homme à venir. À aménager sa demeure : une nature dont il n'ait pas honte, dont il jouisse, à son avènement. »

Ces quelques lignes sont sans doute parmi les plus importantes de toute l'œuvre de Ponge. Notons, pour mémoire, les mots et expressions qui suivent : « nous savons l'obtenir », « ils nous tirent de notre nuit », « d'un soi-disant humanisme », « pour nous révéler l'Homme », « l'Ordre à venir », « comme ils nous apparaissent chaque matin à l'aube », « parallèlement au savant », « pour le peuple », « aménager sa demeure », « dont il jouisse », « avènement ».

Ce qui compte, pour nous, c'est de montrer comment Ponge va parvenir à révéler l'être de cet étant qu'est l'huître. Tout ce que nous avons dit précédemment était une préparation à ce dévoilement. Ce dévoilement de l'être de l'huître, nous sommes presque prêts à y assister. *Prêts à* et *près de*. Ponge va parvenir à *dire* l'être de l'huître, cet étant qui pour lui est une chose, où nous appelons « chose » tout étant sur le point de nous déployer son être, tout étant non pas brusqué mais, en quelque sorte, choyé, respecté dans sa dignité.

Le problème, nous l'avons vu, est de savoir ce qu'on entend par « le mot *huître* ». S'il s'agit du mot délesté de la moindre définition, abandonné à sa seule sonorité, ce mot d'*huître* ne dit pas grand chose. Ce n'est qu'un mot, perdu dans un océan de mots. Mais nous avons également vu, dans la séance précédente, que le mot *huître*, tel qu'il est défini par le *Larousse*, au lieu que d'éclairer l'huître, de faire la lumière sur ce qu'est une huître, l'obscurcissait au contraire.

L'huître, en tant que chose non pas seulement à désigner, mais à *dire*, est menacée par le discours. J'appelle « discours » une parole à valeur pensante faible, à faible contenu de pensée, à faible teneur en pensée. Le discours est une parole au rabais. Ainsi, l'huître, comme chose, est en danger, parce que recouverte de mots qui ne lui sèyent pas. Des mots qui l'éloignent de nous, bien entendu, mais qui l'éloignent de nous *parce qu'*ils l'éloignent d'elle-même. Ces mots qui la recouvrent au lieu de la dévoiler, qui la tiennent à distance de nous au lieu que de la rapprocher, et qui dissimulent son être, sont en premier lieu les mots du discours quotidien (à force de n'envisager l'huître que comme un aliment, comme « fruit de mer », on la perd, on oublie ce qu'elle *est* fondamentalement, on s'interdit son appréhension *ontologique*) ; ensuite, les mots du discours lexical, à savoir les définitions « officielles » censées l'expliciter, la révéler, et qui ne font que l'enterrer davantage, l'enfoncer dans l'incompréhensible, voire dans l'incongru. Nous verrons qu'il est d'autres formes de discours qui éteignent toute lumière sur l'être des choses (notamment le verbiage de la préciosité poétique).

L'huître du discours quotidien, celle de l'estomac ou des fêtes de Noël ou des maximes (ne manger des huîtres que pendant les mois en *r*), ne fait pas partie des choses : c'est un objet. Autrement dit : un étant lui-même objectivé ; c'est-à-dire : un étant dont on veut tirer quelque chose ; un étant qu'on utilise comme un moyen en vue d'une fin qui n'a plus rien à voir avec lui, qui le sème en chemin.

Je nomme *chose* un étant qui n'est pas considéré comme un vulgaire objet, un étant qui cède une part de son être, ou s'apprête plutôt à le faire, qui offre une ouverture, qui fait un pas vers les mots – qui fait un pas vers l'homme. Un objet nutritif, festif, symbolique, social. C'est (pour reprendre la terminologie de Heidegger) l'huître considérée comme un étant et non appréhendée selon son être.

L'huître du dictionnaire, du *Larousse*, ne fait pas non plus partie des choses : c'est un objet passé par le prisme explicatif de la science, philologique, biologique, etc. C'est une huître objet d'étude, objet de *définition* – nous allons nous intéresser dans un instant à la définition de la définition. Ponge, en

1929, avait vu un film qu'il avait adoré, un des tout premiers films sonores, intitulé *Mélodie du monde*, de Walter Ruttmann (1888-1941), ce dernier écrivant, chose fort pongienne, dans la livraison de la *Revue du cinéma* de mars 1930 (*Correspondance Ponge-Paulhan*) : « Si je voulais donner de la Terre une image visuelle et sonore, il me fallait faire appel au cœur humain. Ce serait une erreur de vouloir essayer de voir et d'entendre de façon *objective*. »

Car la science, qui est elle-même un discours, un discours fier de son « objectivité », un discours autrement dit sur l'étant (qu'elle rend objet), ne saurait *penser* l'huître. La science *rate* l'être – mais elle n'est pas là pour l'atteindre. La science transforme la chose en objet ; elle ne sait faire qu'*objectiver* la chose. « Nous savons, écrit Ponge dans *Pour un Malherbe*, ce que c'est qu'une vérité scientifique, et l'intérêt relatif de ce genre de propositions. Nous ne cherchons à établir rien de ce genre. »

Même s'il assimile choses et objets, Paulhan a cette intuition dans une lettre qu'il adresse à Ponge l'année de sa mort, en 1968 – Paulhan meurt en octobre, la lettre est de février ; (*Correspondance Ponge-Paulhan*) :

« Cher Francis,

Comment savoir la vérité sur toutes les choses ? Tu me diras qu'il suffit de se fier à la science, qui mène ses *enquêtes* et ses observations, il faut l'avouer, avec toute la prudence dont l'homme est capable, et toute la patience.

Soit. Mais cette science me paraît avoir un grave défaut : c'est que les explications qu'elle nous donne *ne ressemblent plus du tout à l'objet [il faudrait dire : "à la chose"] qu'il s'agissait de connaître*. Lors même qu'il s'agit de choses aussi évidentes que le ciel, l'eau, les couleurs, les bruits, nos savants n'y voient – et ne nous font voir – que des combinaisons baroques d'ondes, de particules ou même de chiffres et de signes algébriques où personne de sensé ne pourrait distinguer quoi que ce soit qui ressemble, aussi vaguement que l'on voudra, au ciel, à l'eau, aux couleurs et même aux bruits. Somme toute ils nous parlent une langue aussi différente des objets dont il s'agit que le mot *lumière* diffère de la lumière véritable, et le mot *couleur* de la couleur.

D'ailleurs, c'est là ce que les savants reconnaissent très bien, très poliment. Quoi, disent-ils, il nous suffit bien de *comprendre* l'eau, les couleurs : d'être à même de les reproduire, de les recommencer [*en réalité, Heidegger l'a montré, c'est* précisément parce qu'ils ne comprennent pas *l'eau ni les couleurs, ni les brebis, qu'ils sont capables de les reproduire et de les recommencer, de les cloner*]. "Une théorie scientifique n'a pas à être vraie, il suffit qu'elle soit commode." (Poincaré) "Bien, leur répondons-nous. Mais nous, nous voudrions les *connaître*." À quoi les savants : "Vous en demandez trop. Il faudrait, pour les connaître, *être* ce que nous comprenons si bien. Il faudrait devenir nous-mêmes couleur, bruits et eaux." »

Heidegger l'a dit : « la science ne pense pas » – « *Die Wissenschaft denkt nicht.* » Ce n'était pas un procès, ni même une critique, mais une simple constatation. La physique utilise des notions telles que le temps, l'espace, la vitesse, l'accélération, elle établit des liens « logiques », « nécessaires » entre ces notions, mais ces notions, elle ne les comprend pas, elle ne les explique pas : elle les utilise comme données de départ.

En 1926, dans « Mon arbre » (*Proêmes*), Ponge écrit :

Mon arbre dans un siècle encor malentendu,
Dressé dans la forêt des raisons éternelles
Grandira lentement, se pourvoira de feuilles,
À l'égal des plus grands sera tard reconnu.

Mais alors, il fera l'orage ou le silence,
Sa voix contre le vent aura cent arguments,
Et s'il semble agité par de nouveaux tourments,

C'est qu'il voudra plutôt se débarrasser de son trop de science.

C'est une des percées fondamentales opérées par Heidegger que d'avoir montré, au grand étonnement de ses contemporains, et au nôtre plus encore, englués dans plus de science chaque jour, dans chaque jour davantage d'avancées technologiques, que *penser* n'était ni dans les prérogatives ni dans les capacités de la science. Quant à la métaphysique elle-même, qui prend la science comme point de départ, ou plutôt comme point d'appui, elle rate également l'être des choses (sans s'en rendre compte, puisque sa prétention est d'être une ontologie) au bénéfice de l'étant.

La métaphysique est la philosophie du questionnement de l'étant. Autrement dit, ce que nous appelons « chose », en tant qu'entité capable de nous révéler ce qu'elle est, en dehors de ses simples apparences, et même de sa simple présence comme quelque chose de posé là devant nous et qui devrait continuer à rester muet, n'est pas ce qui est questionné par la métaphysique. Et cela fut l'un des grands mérites de Heidegger de montrer que (malgré sa prétention à questionner l'être) la métaphysique n'avait toujours questionné en réalité que l'étant – ce qui n'est pas la même chose que l'objet (il y a l'être, puis la chose, puis l'étant, puis l'objet).

La métaphysique, en effet, possède une manière bien à elle de considérer, de comprendre, de définir l'être. *Meta*, en grec, signifie : « par-delà », « vers ». Le programme de la métaphysique a donc été d'aller voir ce qui se passait *au-delà* de l'étant, *par-delà* l'étant, autrement dit, de concentrer toute son attention sur le *fondement* même de l'étant. De descendre dans les soubassements de l'étant. « Métaphysique », cela signifie : aborder la *physis* par son fondement, analyser la *physis* par le biais de son fondement. La métaphysique est là pour se poser la question des bases de la physique, des fondations de la physique. Elle est là pour descendre dans les soutes de la physique. Chercher à comprendre ce qui la fonde. Saisir son architecture, c'est-à-dire sur quoi cette physique *repose*. La métaphysique s'intéresse aux causes premières, aux principes fondamentaux à partir desquelles les sciences de la nature sont possibles.

Chez Aristote, les traités métaphysiques semblent, à première vue, ceux qui viennent « après » les traités sur la physique. Mais ce n'est pas tant un « après » éditorial, en réalité, qu'il faut entendre, qu'un « après » dans la connaissance. Car si la métaphysique semble être logiquement postérieure à la physique, elle lui est ontologiquement antérieure. Ce qui est clair, en tout cas, c'est que la métaphysique (ou « philosophie première ») et la physique (ou « philosophie seconde ») sont deux aspects d'une même discipline. Et cette discipline s'appelle la philosophie.

Le titre de l'ouvrage *Métaphysique*, au demeurant, n'est pas d'Aristote, mais des éditeurs. Qu'importe. Les thèmes en sont les suivants : quels sont les principes et les causes de ce qui est ? Quel est l'être de ce qui est ? Faut-il définir l'être comme essence ou comme substance ? Aristote est donc à la recherche d'une science, qu'il n'appelle pas lui-même « métaphysique » mais « sagesse », ou encore « philosophie première », donc, qui est une « science de l'être en tant qu'être » (où « l'être en tant qu'être » signifie, non pas une *chose*, mais la manière dont on fait de cette chose un *objet* de science). La métaphysique est conçue dès l'origine comme mise en objet de la chose (la chose est reléguée à une subalterne fonction d'objet d'étude). Ce qui est étonnant (et cela démontre à quel point physique et métaphysique sont *dès le départ* considérées comme appartenant à une même famille dans l'ordre du savoir), c'est que la physique elle-même est appelée « sagesse » par Aristote. Cette science de l'être en tant qu'être est une science qui vient « après » la science physique, car elle est d'un accès plus difficile pour l'entendement humain. Chronologiquement, la physique a été première, mais dans le domaine du savoir, elle est seconde par rapport à cette science qui cherche à scruter son fondement.

Dans la métaphysique, l'être est compris comme fondement de l'étant. Cette acception, cette appréhension implicite de l'être va infiltrer à sa suite toute la philosophie occidentale. Ainsi, Marx est métaphysicien, dans la mesure où il étudie le fondement du réel, un réel *fondé* selon lui sur la *praxis* matérielle et historique de l'homme. Pour Heidegger, Nietzsche aussi, par exemple, est métaphysicien, dans la mesure où il se penche sur les fondements du réel, un réel *fondé* sur la volonté de puissance.

Dévoiler le fondement de l'étant, c'est-à-dire ce à partir de quoi ou ce par quoi l'étant peut être, être ce qu'il est et de la manière dont il est. Telle est la tâche que se propose la métaphysique.

Résumons-nous. Nous comprenons de mieux en mieux pourquoi Ponge propose une démarche qui est contraire à la métaphysique. Pour dire les choses de la façon la plus simple, la métaphysique (qui ne se doute pas qu'elle est ontique, qui est persuadée d'être ontologique – mais toute une partie de l'œuvre de Heidegger est là pour montrer que ce n'était qu'une illusion) est une tentative de penser l'être *à partir* de l'étant. C'est une tentative de *s'élever vers* l'être en prenant comme point de départ ce qui est, c'est-à-dire l'étant. C'est une tentative difficile, plus difficile, disait Platon, que de « *retourner une huître* ». Cela tombe bien pour nous qui, justement, avec Ponge, tentons de retourner cette huître dans tous les sens.

Et si cette tentative est si difficile, c'est peut-être parce que le problème est insoluble ; et que (c'est là l'intuition de Heidegger) la question est mal posée ; ou plutôt, qu'elle n'est pas posée à « qui » il faut, à « quoi » il faut. Car le questionnement peut être le bon mais le destinataire mauvais. Il s'agit alors d'en changer.

S'élever soit par généralisation (« de la taille d'un galet *moyen* » exprime cette idée), soit, échelon après échelon, comme si l'être n'était qu'une forme suprême, qu'une forme divine de l'étant. La métaphysique peut, ainsi, ressembler parfois à une « onto-théologie » (Heidegger). Comme si l'être était à l'étant ce que Dieu est à l'homme. En tout cas, c'est bel et bien l'étant *et non directement l'être* qui est interrogé par la métaphysique en vue d'atteindre l'au-delà de cet étant, le ciel de cet étant, la *transcendance* de cet étant, à savoir : l'être.

Or, la démarche de Ponge, contrairement aux apparences, questionne *non pas l'étant*, c'est-à-dire l'objet posé là devant nous (l'huître, le bois de pin, les mûres, la mousse, le papillon, les bords de mer, le feu, le gui, la fin de l'automne, le cycle des saisons, les poissons volants), en tant qu'il s'agirait, ensuite, par induction, par abstraction croissante, de remonter la pente en direction de l'être, mais questionne directement la *chose* : c'est-à-dire l'étant en tant qu'on vise *immédiatement* son être. Nous allons *écouter* la différence entre un auteur qui interroge l'étant et un auteur qui interroge l'être. Entre un auteur qui fait d'une chose son objet d'investigation et un auteur qui entre en résonance avec la chose. On pourrait d'ailleurs tenter un jeu de mots pour opposer les deux approches : la première perspective serait une entrée en *raisonnance*, la seconde en *résonnance* – que j'écris avec deux *n*, contrairement à l'orthographe courante, pour des raisons que j'expliquerai plus tard. Cette résonnance (qu'il nomme parfois *résonnement*, donc, ou encore *réson*) est la *raison d'être* de toute l'entreprise de Ponge. La *raison d'être* de l'œuvre de Ponge, c'est la *réson d'être*.

Malheureusement, Paulhan (qui, quarante ans de correspondance le prouvent, ne comprend *strictement* rien à l'œuvre de Ponge et ne prend pas la mesure de son génie) a fait en sorte que, dans la poésie intitulée « Le jeune arbre », que nous avons déjà évoquée, *résonnement* a été remplacé par *raisonnement*.

Poète vêtu comme un arbre
Parle, parle contre le vent
Auteur d'un fort raisonnement.

La trouvaille était fondamentale : celui qui parle par la poésie est auteur de *résonnement*. Trouvaille géniale, *puisqu'elle est au cœur même de la pensée de Ponge*. C'est cette *résonnance* qui, vous allez le voir, va nous donner accès à l'*être* de l'huître. Mais il a fallu que Paulhan vienne nous gâcher la fête ; vienne empêcher ce « bonheur de l'expression ». Ponge venait de trouver une *formule étonnante* (toute formule *doit* être étonnante), mais non : Paulhan s'immisce dans le génie de Ponge. « *Le tronc d'arbre est splendide*, écrit Paulhan. *Je ne sais rien que j'aime autant. Le "fort résonnement" me choque un peu.* » (*Correspondance Ponge-Paulhan*) Et Ponge (j'ai du mal à comprendre qu'il ait accepté) accepte la correction. La plupart du temps, Ponge (par humilité ?) accepte les corrections proposées par Paulhan – qui sont *toujours* de mauvaises suggestions.

Ponge revient sur ce sujet (Ponge est quelqu'un *qui revient sans cesse sur les sujets*, c'est pour cela que je l'aime tant) dans *Pour un Malherbe* : « Tout un avenir de *raisons*, abolies dès que *résonne* la corde sensible de chacun de nos objets. Abolies dans la *vibration (à l'unisson)* de la corde sensible de cet objet et de nous-même. »

Cette vibration à l'unisson, c'est elle qu'il va s'agir d'obtenir. Cet accord parfait, cette *Stimmung*, comme l'on dit en allemand. Cette « tonalité affective », comme on le traduit (ça ne sonne pas très bien) parfois.

« Un observateur haut placé devrait sans doute le constater, écrit Ponge dans *La Seine* (Lausanne, 1950) : de même que l'espèce humaine en progrès taille son corps en pièces, l'esprit en use également ainsi. Son pathétique manège, longtemps commandé par la distinction arbitraire de l'âme et du corps, l'est maintenant par celle, non moins arbitraire, de la raison et des facultés intuitives. »

Prenons un étant simple et vivant, qui a été traité et par Buffon et par Ponge : la chèvre.

Ce qui est intéressant ici, c'est que Buffon se situe précisément à la frontière de la science et de la littérature (en réalité, nous allons voir qu'il est totalement dans la science). À l'époque de Buffon, les deux ne se distinguaient pas aussi sûrement qu'aujourd'hui. Buffon, à juste titre selon moi, était considéré de son temps (xviiie siècle) comme un *scientifique*. Cependant, il est à remarquer que son entrée (récente) dans la Pléiade semble indiquer que la postérité a choisi de le consacrer comme *écrivain*. (Question à traiter, un jour : l'obsolescence scientifique peut-elle faire d'un texte un texte littéraire ?)

Il y a une grande différence entre aborder un étant comme un simple étant (Buffon) et aborder ce même étant comme une *chose* (Ponge). Si Ponge, lui, prend le parti des choses, la science, elle, ne prend le parti que d'elle-même.

Notons encore, rapidement, qu'il existe un « vice » commun à la métaphysique et à la physique : cette priorité faite à la *logique*, à l'hypothèse, à cette manière de raisonner (cette volonté d'incarcérer l'être des choses – qui *de ce fait* reste voilé à jamais – dans la raison), une certaine primauté de la déduction, cette manière, de malmener, de violenter la chose par un processus rationnel à laquelle elle est sommée de se soumettre. La raison entend faire de la chose son esclave.

Dans *L'Huître*, Ponge commence par une sorte de « métaphysique amusante », en tentant de fonder l'huître sur le galet – le galet apparaissant en quelque sorte ontologiquement premier par rapport à l'huître :

L'huître, de la grosseur d'un galet moyen, est d'une apparence plus rugueuse

Il y aurait, ainsi, une antériorité ontologique du galet sur l'huître, qui pourrait en faire advenir « l'essence » (pour utiliser un terme métaphysique). La pierre comme première chose, comme chose initiale, avec l'eau. La pierre comme fondatrice de l'édifice. Mais sachant que le galet, *ce n'est pas simplement une pierre* : c'est une pierre qu'on trouve en bordure de mer ; c'est donc une pierre polie par l'eau, c'est une pierre qui, dans sa mémoire de pierre, conserve la mémoire de l'eau. Le galet est une pierre qui contient d'une certaine façon l'être de l'eau. Sans l'eau, il n'y a pas galet. Le galet est le résultat, la résultante d'une sorte de noce entre la pierre et l'eau. *L'eau est livrée avec le galet.* Le galet est premier par rapport à l'huître, il est à la fois plus rustre et plus fruste (doux, poli). C'est pourquoi on ne peut dire du galet que, dedans : « il y a à boire et à manger ». Le galet n'est pas assez « second », il est trop « premier » pour être ouvert, puis se boire et se manger. Mais il véhicule néanmoins, à son état, du liquide (la mer) et du solide (la pierre). L'être du galet a ceci de commun avec l'être de l'huître qu'il véhicule du solide et du liquide.

Bien sûr, on entrevoit immédiatement ce qu'il y a de grotesque à comparer un galet avec une huître. Seul un chien ne saurait voir la différence entre les deux. C'est par ironie que Ponge fait découler l'huître du galet, en plaçant le galet par-delà l'huître, derrière l'huître, au-dessus de l'huître, comme plus essentiel que l'huître, comme horizon fondamental de possibilité de l'huître, comme cause première, matrice première de l'huître – une manière, pour Ponge, de critiquer la démarche de la métaphysique qui, voulant saisir l'architecture des huîtres, le fondement des huîtres, ne trouve jamais derrière, ne trouve jamais au-delà que des galets.

« L'être de l'étant ne peut absolument pas être quelque chose "derrière" quoi se tient encore autre chose », écrit Heidegger dans *Être et Temps*.

La métaphysique prétend accéder à l'être de la chose (de l'huître) mais en réalité, ne sachant correctement interroger cette chose (l'huître), qu'elle traite comme un objet, comme un étant, elle tombe sur un autre objet, sur un autre étant (le galet). *La métaphysique confond ainsi, non pas l'huître et le galet, mais l'être de l'huître avec le galet.* Or, l'être ne peut en aucun cas être une généralisation de l'huître, une huître première, l'huître dans ce qu'elle aurait de fondamental, exactement comme l'être ne saurait être une approximation grossière, généralisante, englobante, polie, lissée, fruste de l'étant.

L'huître, de la grosseur d'un galet moyen, est *d'une apparence* plus rugueuse

Le mot *apparence*, ici, est très important : si la métaphysique se trompe, c'est qu'elle cherche une apparence commune à l'être d'un étant et à cet étant lui-même ; elle voudrait que l'être de l'huître soit quelque chose qui ne s'écarte pas trop de l'huître – comme le galet.

Ponge, très vite dans la phrase, coupe court à toute ambiguïté :

d'une couleur moins unie

Il fait, autrement dit, se dés-unir l'huître et le galet, l'huître et ce que la métaphysique pense qu'est l'être de l'huître. Un galet, c'est un galet, et une huître, c'est une huître. Et, surtout, l'être, c'est l'être, et l'étant, c'est l'étant. Il faut dés-unir l'être de tout étant. Il faut comprendre que si l'huître est une chose (en tant qu'elle peut nous dévoiler son être, en tout cas nous le faire « entrevoir »), l'être de l'huître n'est pas une chose. L'huître et l'être de l'huître ne sont pas de la même couleur.

Le galet ne peut plus faire illusion ; ou plutôt, il ne peut plus faire *obstruction*, nous dit Ponge. C'était un « faux être » de l'huître, ou plutôt : un « être faux ».

Dans *Être et Temps*, Heidegger explique que « l'être vrai » est celui qui sort de sa retraite, qui se fait voir comme sans-retrait, qui se *dévoile* ; tandis que « l'être faux », c'est celui qui trompe, qui nous voile l'être, qui se place devant quelque chose, comme ici le galet se place devant l'huître, et même, dit Heidegger, l'être faux se fait passer pour quelque chose qu'il n'est pas (le galet se fait passer pour l'huître). (*Mais* dans la pensée de Heidegger, dès lors qu'on ne confond pas d'abord l'huître et le galet, l'être et l'étant, l'être faux n'est pas un ennemi, ni un problème : d'une autre manière que l'être vrai, certes, l'être faux participe du dévoilement de l'être. Tout dévoilement s'accompagne d'un voilement quand l'être se montre. *Sauf que là*, dans le registre de la métaphysique, parce qu'originellement nous avons fait fausse route, en confondant l'être avec un étant, nous assistons bien à une imposture du galet qui se présente en tant qu'être de l'huître – cela n'a donc rien à voir. Le galet n'est pas un « être faux », c'est un vrai étant qui se fait passer pour un vrai être, c'est un « non-être ». Et la métaphysique ne sait pas penser le non-être.)
Ce qu'il faut retenir, c'est ceci : *tout dévoilement s'accompagne d'un voilement quand l'être se montre*. Et non seulement « s'accompagne » (c'est en réalité impropre) mais en est la *condition*. « Qu'est-ce qui doit être appelé "phénomène" en un sens privilégié ? – demande Heidegger (*Être et Temps*) – Qu'est-ce qui, de par son essence, constitue le thème *nécessaire* d'une monstration *délibérée* ? Manifestement quelque chose qui, d'abord et le plus souvent, *ne se* montre justement *pas*, qui, à la différence de ce qui se montre d'abord et le plus souvent, est *en retrait* mais qui est, en même temps, quelque chose qui fait essentiellement corps avec ce qui se montre d'abord et le plus souvent de telle sorte qu'il en constitue le sens et le fond (vérité de l'être). Mais ce qui demeure *en retrait* dans un sens exceptionnel ou qui retombe sans arrêt dans

l'occultation ou qui ne se montre que *"sous un masque"* n'est pas cet étant-ci ni celui-là mais, au contraire, l'*être* de l'étant. » Et là, je dois vous lire, en parallèle, en résonance, en écho, une lettre de Ponge à Jean Paulhan qui ne dit pas autre chose. C'est une lettre extrêmement importante (elle est constituée d'une poésie inédite) sur laquelle nous aurons sans doute l'occasion de revenir en détail. Elle date de 1946 et se présente comme un « sujet de concours » : « le poète propose la vérité au philosophe (pessimiste) » :

« – "Cesse de t'agiter sur ta couche mal faite
Où se refuse à toi le bonheur d'expression.
La Vérité, dis-tu… – Écoute, mon ami :
Ne la cherche donc plus. Elle t'attend au lit
Où j'ai su l'amener en parlant d'autre chose,
Radieuse, voilée, sûre de son plaisir.
Conduite à mes autels sous sa longue chemise
Elle a mouillé pour moi, cette vierge farouche.
Va. Provoque à ton tour cette jubilation.
Sa lèvre s'ouvre à ceux qui la rendent heureuse
*Et n'en veulent user qu'*après [Ponge souligne deux fois] *qu'elle*
a joui…" »

En réalité, dans cette poésie inédite, il y a tout : la vérité comme dévoilement de l'être (*aléthéia*), l'être qui se présente toujours comme voilement, il y a la parole (« bonheur d'expression »), la futilité de toute *recherche* (quelle qu'elle soit), la notion de repos (sur laquelle nous nous pencherons plus loin ; « au lit ») et la notion d'attente (« elle *t'attend* au lit »).
Le dévoilement de l'être, il n'est pas interdit de se le représenter, en effet, comme une femme qui jamais ne nous apparaîtrait entièrement nue. Une femme dont une partie du corps (jamais la même), chaque fois, serait dissimulée tandis que le reste accepterait de se montrer. Cette poésie inédite est très

impressionnante en ce qu'elle contient, en quelques lignes, quasiment toute la philosophie de Heidegger – Heidegger qui n'est cité qu'une seule fois, à propos de la notion de *souci*, dans toute l'œuvre de Ponge (dans *Proêmes*). Et c'est bien cette résonance qui fascine. Ces intuitions contemporaines l'une de l'autre, parallèles l'une à l'autre. Connexes. Connectées. Nous arrivons à une compréhension par conséquent profonde de l'expression « brillamment blanchâtre ».

L'huître, de la grosseur d'un galet moyen, est d'une apparence plus rugueuse, d'une couleur moins unie, *brillamment blanchâtre*.

Avec « brillamment blanchâtre », l'huître se sépare du galet (elle se dé-sunit de lui) pour n'être plus qu'avec elle-même. Ponge l'a arrachée à l'apparence du galet (qui était le seul « être de l'huître » que la métaphysique ait été capable de trouver) pour lui redonner toute sa dimension « huîtriale » d'huître. Et Ponge annonce une modalité toute particulière de l'être qui se déploie : le voilement / dévoilement.

Dans « brillamment blanchâtre », l'être de l'huître n'est pas *simplement* prêt à se dévoiler et près de se dévoiler parce que Ponge a cassé un lieu commun en créant une expression neuve et inouïe (comme nous l'avions vu) : mais il annonce le mode de manifestation de l'être, le mode de monstration de l'être : par voilement / dévoilement. Ou comme dévoilement / voilement : « brillamment » exprime ce dévoilement, cette mise en lumière, cette exposition à la clarté ; et « blanchâtre » le voilement, l'occultation, l'opacité, ce qui ne se montre pas, reste en retrait.

Ponge, ici, veut dire le « phénomène » de l'huître, le « phénomène huître », c'est-à-dire le « se-montrer de l'être de l'huître ». Or, « le concept d'être-occulté, dit Heidegger, est la contrepartie de celui de "phénomène". »

Mais l'huître, en tant que chose, c'est-à-dire en tant qu'elle peut dévoiler son être, peut être occultée de différentes manières. L'huître, la vraie huître, la chose huître (la vérité de l'huître) peut être occultée au sens où elle n'a pas encore été du tout dévoilée, nous dit Heidegger. Ponge ne prétend pas que l'huître n'a jamais été dévoilée : sans doute elle l'a été, il y a bien longtemps – elle a été usée, plutôt, ensevelie, « enfouie ». En terminologie heideggérienne, l'huître a « dévalé à nouveau dans l'occultation. » C'est pourquoi Ponge tente de la *désenfouir* avec des formules qui la réveillent – il s'agit d'entendre « formule », ici, quasiment au sens d'une formule magique qui redonnerait la vie à un défunt, la chair à un squelette, à un fantôme, le visage à un spectre, le volume à un ectoplasme, une formule comme on en use pour faire jaillir un génie d'une bouteille dans les contes orientaux.

Parfois très rare une *formule* perle à leur gosier de nacre, d'où l'on trouve aussitôt à s'orner.

Il ne s'agit pas d'une formule mathématique, mais d'un assemblage de mots qui délivre *quelque chose*. Un assemblage de mots, c'est-à-dire de mots mis *dans un certain ordre et seulement dans cet ordre*.

« Comment une expression est-elle belle ?, s'interroge Francis Ponge dans *Pour un Malherbe*, [...] Quand elle peut être comprise comme une loi éthique et esthétique : *une formule d'art poétique*. »

Quelques pages plus tôt, il écrit :

« Pratique du langage :

Il s'agit moins pour nous de poésie que de Parole (prosaïsme résolu, mais d'une telle rigueur qu'en naît une nouvelle forme de poésie, l'oraculaire, *l'art de la formulation*. »

La formule « brillamment blanchâtre » est une formule au sens où elle est un « Sésame ouvre-toi ». C'est une formule inouïe : *brillamment* et *blanchâtre* ne sont généralement jamais juxtaposés dans une phrase ; ils agissent comme une combinaison. Une combinaison au sens de « la bonne combinaison pour ouvrir un coffre » (ici, pour ouvrir une huître) ; « brillamment » et « blanchâtre » sont combinés en une formule – et leur combinaison est rare ; la formulation (qui est formule) est rare. C'est plus qu'une trouvaille : c'est une formule. Et de celles qui permettent de déclencher une ouverture de l'huître, ce, à l'étonnement de l'auteur lui-même. Toute formule doit être un bonheur de l'expression. Toute formule est étonnante ; ce qui est le propre de ce qui est rare. Ce bonheur de l'expression permet à Sésame de s'ouvrir – souvenons-nous de la poésie inédite de 1946 envoyée à Paulhan :

« Provoque à ton tour cette jubilation.

Sa lèvre s'ouvre à ceux qui *la rendent heureuse* »

La formule n'est pas mathématique : parce qu'elle n'est pas rationnelle. On est dans un autre mode de pensée.

Pour Ponge, saisir le sens de l'être passe par le sens de la formule. C'est ce qu'on demande d'un bon avocat quand il prend parti pour, comme ici Ponge prend le *parti* des choses. (La formule, cela vient de *formula* : « cadre », « règle », « système ». Dans la formule, on expose un fait, comme en droit.) *Formuler*, c'est donner forme. C'est redonner forme, *sa* forme, ici, à l'huître devenue informe parce que trop habituelle, trop banalisée. L'huître était devenue tellement informe qu'elle était assimilée à un galet, un galet moins rugueux. Le galet était réquisitionné pour *résumer* l'huître. Ce qui perd sa forme, l'informe, est une chose qui a perdu ses qualités : l'huître, ainsi, ne possède pas de « grosseur » en propre mais est obligée d'emprunter sa grosseur à un autre étant, elle a une grosseur d'emprunt :

de la grosseur d'un galet moyen

Et là encore, le mot *moyen* sonne comme une moyenne algébrique, c'est-à-dire comme une grandeur générique, désincarnée. La forme moyenne, la moyenne des formes, cela ne donne pas forme, cela donne du moins autant de forme que d'informe. Or, une chose en laquelle la forme et la non-forme s'équivalent est une chose qui n'a pas de forme : c'est une chose informe.

L'huître a perdu sa forme : elle a perdu ses couleurs, aussi.

d'une couleur moins unie

Sa couleur n'est pas dite. Elle se pose encore en référence au galet, d'une part, et d'autre part n'est pas précisée. Surtout, elle présuppose la connaissance préalable du galet pour être dite. Ce galet qui ne cesse de se substituer d'abord à l'huître. La formule, surtout, est *parole*. Parole miraculeuse qui ouvre l'huître ou délivre le génie de la bouteille : parole accidentelle, ou exceptionnelle :

Parfois très rare **une formule perle**

Le génie qui apparaît semble bien être le génie de Ponge lui-même : « une formule perle » *est* une formule. (Et même une perle de formule.) Ponge utilise jusque dans une formule le mot de « formule ».

Le texte intitulé *L'Huître* est lui-même la formule « complète » de l'huître. Les mots sont assemblés par Ponge, sur chaque ligne et dans chaque paragraphe, selon un *ordre très précis*, comme doivent être précisément agencés dans une formule magique les mots que l'on doit prononcer pour ouvrir le Sésame (le danger, ici, c'est *l'oubli* – l'oubli de la formule ; formule oubliée, plus rien ne s'ouvre). On se souvient de ces contes des *Mille et une nuits* où les voleurs se trompent dans la séquence des mots – et la porte, Sésame, reste close, reste

un monde opiniâtrement clos

Tous ces textes, ces « brouillons » que Ponge publie quand il nous ouvre les portes de son « atelier » sont les essais de formule des voleurs des *Mille et une nuits* qui essayent de trouver, ou plutôt de *retrouver* la formule par laquelle la chose va s'ouvrir. *L'Huître* pourrait, devrait s'intituler *Formule de l'huître*. Ponge est l'auteur de formules. Chaque texte du *Parti pris des choses* est une *formule*. Dans chacun, Ponge doit agencer ses mots dans un ordre précis, sans quoi la formule n'opère pas. C'est cela, d'abord, une formule : les bons mots posés dans le bon sens, dans le bon ordre. À la bonne place. La formule de l'huître, alors, donnera l'huître. Le mot, souvenez-vous, donne : l'être. Le mot qu'il faut à la place qui est la sienne donne l'être.

Pour un Malherbe : « Malherbe, d'une belle pierre grise, a pavé notre cour, établi les fondements et bâti la demeure où *chaque mot a sa dimension juste*. » La formule, c'est « la demeure où chaque mot a sa dimension juste ». Puis : « [Malherbe] a tout ordonné, a coupé ce qu'il fallait des mots, les a assurés, équarris, ajustés et polis, juste comme il faut. Il a indiqué leur *alignement*. » J'ai employé : *agencés* ; Ponge dit : *alignés*. C'est mieux. La formule correspond à l'alignement parfait, idéal, absolu des mots : cet alignement *donne* la formule. *Alignement* est meilleur qu'*agencement*, car dans la ligne, il y a cette idée de maigreur, de minceur, de gras enlevé, de graisse évacuée. La ligne donne une direction, bien sûr, mais la direction la plus économe, la plus acérée. La moins enrobée.

La ligne, c'est la ligne de conduite : s'aligner dans la formule *sur* les choses. C'est la ligne de défense (tout avocat possède sa ligne de défense) : on *prend le parti des choses*. La ligne, c'est également le *lignage*, la *lignée* : y aurait-il hérédité commune entre le mot et la chose, entre la parole qui *dit* et la chose ? La parole et la chose ne descendraient-elles pas, en droite lignée, de la *chose originellement formulée* ? Nous cherchons, depuis le début, à comprendre comment le raisin et le mot *raisin* peuvent *finir* par ne faire qu'un : mais peut-être ont-ils *commencé*, originairement, par ne faire qu'un. Peut-être y a-t-il là *une même lignée* qu'il s'agirait de *remonter*. À cette question, nous répondrons un peu plus tard, lorsque nous aurons en main davantage d'outils pour le faire.

Toujours dans *Pour un Malherbe*, Ponge note encore ceci : « Peut-être un jour s'apercevra-t-on, peut-être deviendra-t-il clair que la principale qualité d'une œuvre de langage, qu'il s'agisse de prose ou de vers, de philosophie ou de poésie (comme aussi bien de technique ou de journalisme) lui vient du goût qu'elle révèle quant *au choix et à la mise en place des valeurs verbales (mots ou syllabes) qui la constituent.* » (Syllabes également, oui, car si la formule « Sésame ouvre-toi » ouvre la porte de la caverne mais pas la formule « Ouvre-toi Sésame », il en va de même avec « Abracadabra » qui n'est pas substituable à « Abradacabra ».)

Formules de mots, donc, mais aussi formules de sons, formules sonores (une formule doit *sonner* : « brillamment blanchâtre », « couteau ébréché et peu franc », « les doigts curieux »...) – dont il s'agit même de trouver une sorte d'équivalent *visuel*. Dans la formule, on donne *forme* : tout doit s'agencer (« *s'aligner* », façon Malherbe), tout (sonorités, agencements, mots, « visualité » des mots) en vue de cette forme à donner *in fine* à la chose parlée dans la formule, parlée *par* la formule, et par laquelle elle va dévoiler son être.

« Enfin des *sons significatifs*, poursuit ainsi Ponge, dont elle est faite [*l'œuvre de langage, i.e. : la formule*], lesquels se trouvent encore – depuis l'invention de l'écriture et plus encore depuis celle de l'imprimerie – être sensibles *à l'œil.* »

Puis Ponge précise quelque chose de fondamental : « Quand je parle du goût qu'elle révèle, c'est que ce choix et cette mise en place sont commandés non du tout uniquement par la raison, mais par le goût, par les sens, par une sorte d'instinct antérieur à ce goût même. » Il y a donc là quelque chose à la fois d'instinctif et d'originaire (« antérieur à ce goût même »).

Heidegger et Ponge, encore une fois, résonnent de concert : « Se donner pour programme de saisir et expliquer de manière "originaire" et "intuitive" [*Heidegger, lui, ne va pas jusqu'à l'instinct !*] les phénomènes, c'est le contraire de la naïveté d'une "contemplation" faite au hasard, "immédiate" et non préméditée. » (*Être et Temps*)

Dans *Être et Temps*, Heidegger définit ce qu'il nomme *Seinsverständnis*, « entente de l'être ». C'est un donné originel dont l'homme est gratifié, quelque chose de l'ordre de l'inné, une qualité « native », un « instinct antérieur à tous les goûts ». Comme si l'homme avait, avant même de détecter qu'une chose est une chose, et quelle chose exactement elle est, la faculté de savoir *intuitivement* (instinctivement !) ce qu'est l'être. Entente de l'être, cela signifie que l'être humain, dès le départ, « vit au sein d'un pressentiment qui rend possible l'unité d'un monde », pour reprendre l'expression de François Fédier dans *L'humanisme en question*. « Car, poursuit Fédier, ce qui caractérise un monde, c'est son caractère unitaire, c'est-à-dire l'unification où tout est un. » Unification de tout avec tout – en particulier, des mots et de la chose. Le monde est le lieu où les choses ne préexistent pas à la parole.

La formule, autrement dit, en ce qu'elle unifie les sons, les signes, le fond, la forme, est un assemblage qui vise à réaliser cette unité. La formule contient un monde. La parole est ce qui, à travers la formule, fait naître un monde. La formule est une parole capable de créer tout un monde – ou de re-créer un monde disparu, englouti, enseveli. L'huître est un de ces mondes perdus.

Il y a d'ailleurs, dans le recueil *Proêmes*, un texte de Ponge qui s'intitule *De la modification des choses par la parole*. Nous aurons l'occasion d'y revenir car ce texte est vital.

Mais la formule, cela a aussi le sens de *parole rituelle*. Les deux termes sont à étudier : le mot *parole* et le mot *rituel*. La parole rituelle appelle le religieux. Or, en ce qu'il parle les choses (par la poésie – je dis bien par la *poésie* et non par le *poème*), Ponge livre une *parole*. Une parole rituelle en appelle au sacré, c'est-à-dire aux dieux. La formule est la parole qui en appelle aux dieux. Il s'agit de la distinguer de la parole *du* rituel.

Car Ponge, ici, s'il parle le rituel (le langage sacré du rituel), nous parle aussi *d'un* rituel : celui, plutôt épique, de l'ouverture de l'huître selon un mode opératoire répertorié.

Pourtant on peut l'ouvrir : il faut alors la tenir au creux d'un torchon, se servir d'un couteau ébréché et peu franc, s'y reprendre à plusieurs fois.

On voit à quel point la parole *d'un* rituel, de ce rituel qu'est l'ouverture mécanique de l'huître, ne ressemble en rien à la parole rituelle de l'*ouvertude* de l'huître – c'est-à-dire de l'huître en tant qu'elle s'ouvre elle-même à nous pour nous dévoiler son être. La parole rituelle a trait au rite en tant que le rite est sacré. La parole du rituel a perdu en route ce que le rite avait originellement de sacré. Ouvrir une huître par la parole a conservé l'aspect sacré du rite ; ouvrir une huître selon le rituel d'un mode d'emploi, c'est-à-dire selon la parole d'une notice (qui n'est pas une parole mais seulement un langage), a fait perdre tout sacré au rituel de cette façon d'ouvrir. Le sacré a été oublié dans le geste ; Ponge va le restituer dans la langue. Le rite qui consiste ici à ouvrir l'huître avec un torchon et un couteau spécialement conçu à cet effet est devenu un rite vide de rite, vide de foi, vide de dieux, un rite dont le rituel ne signifie plus que ceci : « qui est fait selon l'usage ».

Ce « monde opiniâtrement clos » qu'est l'huître, c'est une formule qui va l'ouvrir : une parole rituelle, non pas un mode opératoire rituel. Une formule qui est parole, non d'un rituel vidé de sacré, mais rituelle.

« Le poète, écrit Heidegger (*Hymnes de Hölderlin :* La Germanie *et* Le Rhin), enferme et conjure l'éclair du dieu dans la parole, il fait entrer cette parole chargée d'éclairs dans la langue de son peuple. » Souvenez-vous de notre texte de Ponge de départ : « Voilà comme il œuvre, dans sa spécialité, pour le peuple. »

« La poésie, dit Heidegger, [...] est un montrer, un indiquer, à l'occasion duquel les dieux deviennent manifestes, non comme un quelconque objet de pensée et de contemplation, mais dans leur acte même de faire signe. »

Contentons-nous pour l'instant de retenir cette phrase – nous reviendrons sur la parole rituelle comme reconnaissance du *signe des dieux* dans la poésie intitulée *L'Huître*.

Ce qu'il s'agit, finalement, d'entendre par le mot *huître* (ce mot d'huître que nous avons fini par ne plus entendre à force de l'entendre), c'est (même provisoirement) *ce qu'en dit Ponge*. C'est une fois que nous avons lu la poésie de Ponge intitulée *L'Huître* que nous commençons à pouvoir *à nouveau* prononcer le mot *huître* tel que ce mot, enfin, ait retrouvé un sens : son sens. C'est le mot « *huître* » *re-formulé* par Ponge qui va venir remplacer l'huître du dictionnaire. Ponge, pour l'huître, a trouvé une *nouvelle formule* – nous verrons plus loin ce qu'il faut entendre par « nouvelle ».

J'ai déjà dit que le mieux eût été, dans cette poésie qu'est *L'Huître* (et la remarque est valable pour tous les textes de Ponge), que Ponge mît le titre *L'Huître* après le texte et non pas avant, à la sortie et non pas à l'entrée. Car le mot *huître* ne revêt (je dis bien *re*-vêt) son sens qu'après que Ponge l'a *re-formulé*.

Je dis bien *re-formulé* et non *re-défini*. (Il est temps, comme je l'avais annoncé au début, de revenir sur la définition du mot *définition*). La formule donne forme. La définition fixe. En latin, *definio* signifie « borner », « déterminer », « fixer », « limiter », « arrêter » ; *definitio*, c'est l'action qui consiste à fixer des limites. Le mot est composé du préfixe *de*, qui exprime l'idée d'intensité extrême, d'aboutissement total, d'achèvement ; et de *finire* : « limiter », donc, « borner ». *Définir*, cela signifie par conséquent aller le plus loin qu'on le peut dans la limitation, dans l'installation de bornes, aller aussi loin qu'on le peut dans l'obtention d'une certaine fixité.

La définition a pour but d'empêcher de toutes ses forces le mouvement ; la définition fige la chose qu'elle désigne dans la glace ; elle se referme sur elle. La définition est une vitrification. Elle demande à la chose, une fois la chose prise dans ses rets, de ne plus bouger. En réalité, la définition n'est achevée que lorsque c'est la chose elle-même qui est achevée par et dans la définition – une fois enferrée dans la définition, la chose n'a plus qu'à s'étioler et à se laisser mourir. La chose est mise en cage. Ce mot est d'ailleurs employé par Ponge dans *Première et seconde méditations nocturnes* (contenu dans *Nouveau nouveau recueil*) : « Il y a, dit-il, la perfection stupide de la grue, et l'originalité vicieuse des singes, et des hommes qui n'ont pas fait le monde, mais qui montrent (*à travers les barreaux de la cage*) des expressions, des paroles, des gestes révélateurs de leur aptitude à le comprendre (à l'ironiser) et par conséquent à le défaire, à le refaire, à le modeler à leur guise un jour. (Souris, curé, plate salope !) » Dans la définition, la chose est prise au piège. On lui donne des limites qu'elle n'a pas le droit d'outrepasser, sous peine de ne plus coïncider avec la définition, sous peine de trahir la définition. De la rendre caduque.

« Voici le temps venu, écrit Ponge le 16 octobre 1960 dans *La Fabrique du Pré* (Skira, 1971), d'aller au dictionnaire. *Littré*. Pré : 1) Terre à foin ou à pâturage. 2) Pré aux Clercs [...] On disait auparavant la *prée*. Tout cela vient du latin pratum (plur. prata) dont l'origine, dit Littré, est obscure. Rien de tout cela, ni les définitions, ni l'historique, ni l'étymologie, *ne me donne rien*, ne me paraît le moins du monde intéressant. »

Le mot (au sens de *Wörter*) est ici impuissant *à donner l'être*. Car le pré est mort dans sa définition de pré. Le *Littré* ne dit pas le pré. Il ne parle pas le pré. Il ne délivre pas de parole quant au pré. *Il ne parle pas le pré*. Il faut qu'une véritable parole (et non pas le discours des définitions) puisse *re-formuler le pré devenu informe*. Il s'agit de retrouver une formule qui dira le pré. Cette parole, c'est celle qui contient des mots au sens de *Worte*. C'est la parole de la poésie. Dans la poésie, la parole *dit*. « Ce qui se passe avec le *dire* poétique, écrit Heidegger, correspond – sans lui être identique – à ce qui se passe avec le dire de la *pensée* philosophique. » Puis : « L'auteur [*Hölderlin pour lui, et pour nous, Ponge*] amène tout le poème à la parole en tant que construction de langage. Le poème, en tant que tout, est parole et parle. »

On ne s'étonnera pas de la proximité de la *définition* avec la science. L'arpenteur – *finitor*, en latin – est celui qui vient délimiter. En mathématiques, on parle ainsi, lorsqu'il s'agit de circonscrire l'intervalle sur lequel telle fonction s'applique, on parle de « domaine de définition », ce qui est une expression quasiment tautologique. Dans *Chemins qui ne mènent nulle part*, Heidegger écrit : « Toute science est, en tant que recherche, fondée sur le projet d'un secteur d'objectivité *délimité* ; elle est donc nécessairement science particulière. Toute science particulière doit nécessairement – dans le déploiement du projet par sa méthode – *se spécialiser sur des champs délimités d'examen*. Or, cette spécialisation n'est en aucune façon l'épiphénomène fatal dû à l'inextricabilité croissante des résultats de la recherche scientifique. Elle est non point un mal nécessaire, mais la nécessité essentielle de la science en tant que recherche. La spécialisation n'est pas la conséquence, mais la raison du progrès de toute recherche. »

Ponge, ainsi, n'entend pas *re-définir* les choses, c'est-à-dire leur remettre des bornes, de nouvelles limites, un carcan tout neuf, changer leur cage ; non, il entend les *re-formuler*, autrement dit : leur donner une autre forme. Il faut libérer les choses, les arracher au cachot de leur définition quasi-immuable. Lâcher du lest, écarter les bornes (sinon les arracher) ; il faut que la chose « flotte » un peu dans ce qui est censé la définir. Ponge parle d' « aération » ; en juillet 1943, il écrit à Paulhan : « Voici deux pièces exiguës, mais à peu près propres (*quoique peu aérées…*). »

Le *re* de *reformuler* instille l'idée, dès à présent, d'une antériorité de quelque chose. L'huître était déjà là, depuis bien longtemps, avant qu'on ne cesse de la voir, et elle est toujours là, bien que nous ne la voyions plus. Mais qu'appelle-t-on « l'huître » ? La chose ? Le mot ?

Ni l'un ni l'autre. Jusqu'ici, nous avons appelé *huître* (et pas une huître virtuelle, mais bien l'huître réelle, mais bien la réalité de l'huître) : le mariage, l'accouplement, l'osmose, l'union du mot *huître* (rafraîchi, nettoyé des *Wörter* et des clichés) et de la *chose* ainsi désignée (cette chose étant bien observée, envisagée avec amour, empathie, patience). Mais l'expression « ainsi désignée » est porteuse d'un malentendu : il ne s'agit pas d'une huître réelle sur laquelle nous avons posé une étiquette (un « chapeau », dit Heidegger), mais bien d'une réalité donnée, attribuée par le mot – un mot qui ne fait pas que désigner, étiqueter, ranger, cataloguer, classer, mais qui *dit*. Un mot issu, non du discours, mais de la parole.

« Le mot donne l'Être ». La *formule* de l'huître donne l'huître. *L'huître, ce n'est pas la chose. L'huître, ce n'est pas le mot. L'huître, c'est la formule. À savoir : cette parole qui re-définit le mot huître, qui une fois re-nouvelé donnera l'être de l'huître, mettant l'huître au monde.*

Mais le visage de la formule de l'huître, autrement dit : le visage du texte intitulé L'Huître, *c'est le mot* huître. Un mot nettoyé, « relooké ».

La *formule* du raisin donne le raisin – car le mot raisin sera désormais (c'est l'ambition de Ponge) indissociable de sa « nouvelle définition » dans le dictionnaire pongien, c'est-à-dire *indissociable de sa formule*. Le mot *huître* renfermera *implicitement*, autrement dit, la *formule de l'huître*, qui est cette *poésie* intitulée *L'Huître*. J'appelle ainsi « mot », désormais, le mot lui-même mais inséparable de la formule qui le sous-tend, qui l'aide à re-définir la chose enfouie, oubliée, ensevelie. Le mot abîmé sera livré avec une formule abîmée, une formule qui a perdu ses pouvoirs magiques, et que j'appelle « définition » – ainsi, la définition d'un dictionnaire est-elle une *formule sans magie*. Le mot rénové, le mot sous lequel la chose va se réveiller (retrouver la fraîcheur de son *aube*) sera livré avec sa formule – formule étant entendue au sens pongien du terme. J'utilise à dessein le mot de *poésie* (en allemand, *Dichtung*) pour parler de *L'Huître* (et plus généralement de tous les textes de Ponge) plutôt que celui de *poème* (en allemand, *Gedicht*). *L'Huître* est une poésie de Francis Ponge. J'aurais pu, comme le fait Ponge lui-même de temps en temps, reprendre le mot de *poême*, avec un accent circonflexe sur le *e*, mais pour ce séminaire, sous sa forme orale, cela aurait été compliqué. J'ai donc opté pour le mot de *poésie*, qui désigne aussi, dans le langage courant, un poème en tant que tel : *Les poésies d'André Walter*. Ponge parle d'ailleurs des « poésies » de Malherbe. Poésies, oui. Poèmes, non. Je relis cette phrase, lue en début de séance : « Et certes, ajoute Ponge de manière décisive, si l'on veut nommer *Poésie* celle qui ne concerne que ce phénomène mystérieux et adorable, la Parole ; qui la manifeste à la fois et la pratique, et la cultive ; qui ne s'occupe enfin que de son mystère, de son autorité et de son culte, alors c'est en effet la *Poésie* qui nous intéresse. »

On comprend mieux, désormais, que Ponge n'aimait pas qu'on le qualifie de *poète* – dans l'expression « poète » sont confondus l'auteur de poèmes et l'auteur de poésies. « Et ce conseil pratique, note-t-il dans *Première et seconde médiations nocturnes* (*Nouveau nouveau recueil*) : ne pas vouloir devenir poète. Et pour cela souffrir mille tourments, s'arracher les cheveux, se croire supérieur, ou inférieur, définitivement différent en somme, et en baver affreusement sur une œuvre. » Quelques lignes plus loin : « Ce ne sont pas des poèmes, non : ce sont des machins creusés à la varlope. Je t'enlève un copeau et je t'en enlève un autre. Ç'aurait pu pour chacun continuer ainsi, jusqu'à ce qu'il n'y ait plus *rien*. » Résonance avec Heidegger, chez qui l'être *est* le rien.

Ponge était dérangé, perturbé, agacé *par les poèmes, non par la poésie*. Il le confirme d'ailleurs dans une lettre à Paulhan (une lettre importante sur laquelle nous reviendrons) datée du 12 novembre 1929 : « Tu m'annonces, dit-il, que mes *poésies* ne paraîtront pas encore... »

Certes, « poésie » signifie également : « œuvre composée de poèmes ». Et quand Francis Ponge demande à Paulhan, dans une lettre du 8 janvier 1939 à propos du futur *Parti pris des choses* (le titre n'est alors toujours pas trouvé), de « persuader Gallimard qu'il ne s'agit pas de poésie et que cela peut paraître dans la collection Blanche », c'est ainsi qu'il l'entend ; et, surtout, il craint d'être en compagnie de ces « poètes qui écrivent des poèmes ».

Il y a deux familles de « poètes » : les poètes qui écrivent des poèmes et les penseurs. Les penseurs n'écrivent pas de *poèmes*. Ils expriment une parole à travers un art qui s'appelle la *poésie*. Le poète qui écrit des poèmes appartient à la sphère du discours ; le poète qui écrit de la poésie se situe au royaume de la parole. Cela n'a rien à voir.

« Rien de tout cela, ni les définitions, ni l'historique, ni l'étymologie, *ne me donne rien*, ne me paraît le moins du monde intéressant », nous disait Ponge tout à l'heure. Mais ce que j'avais omis (sciemment) de vous lire, c'est ce qu'il rajoute quelques lignes plus loin : « *"Sat prata biberunt"* [la saturation des prés], dans Virgile : voilà qui est positif. C'est ainsi que je l'entends. Cela me paraît essentiel. »

Dans le *Littré*, le pré, pendu à son croc de boucher, était un cadavre : il n'était plus qu'un mot. Un mot vidé de sa chose – comme on dit : « vidé de son sang ». Dans la parole poétique, le pré prend forme ; il *vit*. Il est en liberté, il est heureux. Il est en mouvement. Il est *vivant*. Tout simplement : il *est*. Le mot *pré*, dit, c'est-à-dire : dit par la parole poétique de Virgile, *donne l'être au pré – dévoile l'être du pré*. Le Littré confisque, voile, engloutit l'être du pré ; Virgile le dévoile. Il s'agit donc, pour Ponge, de se mettre dans la même situation que Virgile : redonner aux choses, par le mot au sein d'une parole, *par le mot* à sa place *au sein d'une parole formulée*, leur être. Ou plutôt : redonner aux choses la possibilité de dévoiler leur être (car leur être ne s'était pas volatilisé) ; Ponge entend dévoiler ce qui était voilé, ce qui était en retrait dans la définition, dans les geôles des dictionnaires, en train de croupir à l'ombre, non loin des oubliettes. « La question de l'être est aujourd'hui tombée dans l'oubli » : telle est la première phrase d'*Être et Temps*. Et cela, en revanche, il s'agit de ne pas l'oublier. Comme on n'oubliera pas qu'en grec, *poiésis* signifie le *faire être, ce qui fait être, ce qui fait que quelque chose est, ce qui fait qu'on a fini par être* (et non pas « créer » : *créer* provient du latin *creare*, faire croître quelque chose). En grec, « menuisier » se dit *poiètés* : celui qui sait faire – sous entendu : qui sait *faire être* (une table, une bibliothèque…). (Si l'on veut à tout prix traduire le verbe *poïèn* par *créer*, alors il faut avoir en tête cette expression de Ponge dans *Pour un Malherbe* : « croître, afin de parvenir au jour. »

Ce *re-faire être*, *re-faire parvenir au jour* les choses par la formule poétique confère aux choses la possibilité, jusqu'alors non garantie, de nous dévoiler leur être. Par « le mot donne l'être » (Heidegger), il faut comprendre, donc, que la formule poétique (qui sous-tend le mot désignant la chose) *fait être* de nouveau la chose, puis toutes les choses – et, par suite, le monde lui-même où *sont* ces choses.

« Nous avons *tout* à *dire*, écrit Ponge (*Pour un Malherbe*)

[…]

Dire signifiant *faire*.

Et donc signifiant *être*. »

Dire, *c'est donc* faire être. CQFD. *Dire* le mot reformulé, à travers cette Parole qu'est la poésie, c'est avoir toujours (déjà) à l'esprit la formule qui le sous-tend (la poésie, dit Ponge « manifeste » la parole, elle fait que la parole *se montre, se fait entendre*) ; *L'Huître*, le texte, est la *formule* qui désormais sous-tend *l'huître*, le *mot* ; et c'est ce mot, tel que Ponge l'a re-formulé, qui va remettre d'une certaine manière l'huître (la *chose*) au monde : *la faire être de nouveau. La faire de nouveau parvenir au jour.* Comme pour la première fois, comme si c'était la première huître de tous les temps.

« Tout plein, comme je le suis, dit Ponge (*Pour un Malherbe*), d'un monde à révéler (ou plutôt *du* monde, car ce n'est pas le mien, c'est *le* monde lui-même, à ce qu'il me semble, dont si peu de chose a été *dit*. » Ou encore, dans « Les "Illuminations" à l'Opéra-comique » (*Lyres, in : Le Grand recueil*) : « La Parole devient tout à la fois la révélation *et la loi*. »

« Je me sens *aussi* une autre mission, ajoute-t-il [*mais en réalité l'une va forcément avec l'autre*], qui est la trouvaille de *formes verbales*, de *formulations expressives originales* [*la formule est constituée de diverses formulations*]. »

On comprend, dès lors, pourquoi Ponge entend d'abord faire le travail de « reformulation » au royaume des mots – ce sera son « matériel » pour donner ensuite forme aux choses et au monde (l'être préexiste à la parole, l'être préexiste à tout, mais le monde, lui, ne préexiste pas au langage ; *a fortiori* pas à la parole).

« Pour qu'un texte puisse, d'aucune manière, prétendre rendre compte d'une réalité du monde de l'étendue (ou du temps), enfin du monde extérieur, il faut qu'il atteigne d'abord à la réalité dans son propre monde, le monde des textes, lequel connaît d'autres lois. Lois dont certains chefs-d'œuvre anciens seuls peuvent donner l'idée. »

FERNANDO **ARRABAL**

La comptine
du poisson d'avril

Le temps est cyclique
Allons les paniques
Le premier avril
Pend au bout d'un fil.
Un beau poisson bleu
Dit à un monsieur
Qu'un pingouin bagué
Cherche à le draguer.
Son maître le gronde
Devant tout le monde
Lui fait la leçon
Suce des glaçons
En trayant une vache
Quelle rude tâche
Pour boire du lait frais

Sans aucun apprêt.
Un saumon anglais
Armé d'un balai
Chasse un kangourou
Qui suit un gourou.
Perdu dans l'espace
Il piste la trace
De dame pingouine
Fiancée mutine
Du pingouin bagué
Qui voulait draguer.
Un phoque et un morse
S'adressent en corse
À une zibeline
De très bonne mine
Qui vend des gâteaux
À un esquimau
Lui disant qu'en Chine
On dit la comptine
Du poisson d'avril
Datant de l'an mil.
Allons les paniques
Le temps est cyclique
Le premier avril
Pend au bout d'un fil.

1-IV-2013 (« rémission pataphysique des poissons »)

GYÖRGY **KONRÁD**

Notes marginales sur les Juifs

De manière quasi inévitable, les Juifs font écho, dans leurs œuvres, à leur judéité. Ce qu'ils en disent est presque indifférent, l'essentiel, de ce point de vue, est qu'ils sont incapables de ne pas y réfléchir.

La chrétienté n'a pas voulu faire face à ses origines juives, tandis que les Juifs ont refusé d'apprécier l'universalité chrétienne.

Avec la Bible, l'imaginaire juif a pris place dans la poésie européenne ; les écrivains exceptionnels – et les prophètes l'étaient tous – occupèrent dans le judaïsme un rang religieux. En demeurant à part, le peuple qui s'était élu au rôle de prêtre témoigna de l'idée d'un Dieu unique et d'une humanité solidaire.

Je n'identifie pas tout à fait le judaïsme avec le discours religieux, je le vois comme encore inachevé, évoluant avec nous. Pour des Juifs séculiers, la littérature juive ne s'arrête pas à la Torah et au Talmud, il n'y a pas une ligne de démarcation franche entre la méditation religieuse et la pensée profane : les livres écrits par les Juifs séculiers, de Spinoza à Kafka et au-delà, font eux aussi partie de la tradition juive.

S'affranchissant – par suite, notamment, de la discrimination dont ils ont été l'objet – des partis pris locaux, les Juifs séculiers humanistes n'optent pas pour un esprit de clocher différent, ils cherchent plutôt quelque chose de plus vaste, d'une validité plus universelle que celle de la nation.

Tous ceux qui se disent Juifs ont le droit de redéfinir ce terme. Un des peuples les plus anciens, les Juifs doivent continuellement se réinventer.

En Europe, le partenaire de discussion des intellectuels juifs sont les intellectuels chrétiens, au Proche-Orient, les intellectuels musulmans ; les plus courageux essaient de voir en l'autre la personne humaine avant tout et ne laissent pas le jargon politico-religieux supplanter la connaissance directe des hommes.

En des temps stupides, les hommes offrent les uns des autres une vision d'horreur, ils cultivent une image glorificatrice d'eux-mêmes et élèvent l'abstraction nationale au-dessus des personnes.

Si vous triomphez par les armes, ne vous réjouissez pas, car des familles pleurent dans le camp adverse !

Les Juifs intégrés dans les cultures nationales se sont familiarisés avec les multiples intimités de ces cultures et se sont adaptés aux nations au sein desquelles ils vivaient.

Après 1989, les Juifs hongrois ont rejeté la possibilité qui leur a été offerte de se déclarer de nationalité juive, car ils se considéraient comme membres de la nation hongroise, comme des Hongrois de religion ou plutôt d'origine juive ; ils ne voulaient pas se définir comme Juifs avant tout, ne serait-ce que parce que la majorité d'entre eux n'étaient pas religieux.

Que signifie l'expression « Hongrois de religion juive », si les personnes en question n'observent pas les prescriptions religieuses, ne connaissent ni l'hébreu ni le yiddish et ne se situent pas dans la continuité de la culture juive ou, disons, du judaïsme ? Le Juif qui n'est pas religieux, qui ne connaît pas l'hébreu et ne vit pas en Israël, qui est-il ?

Quelqu'un qui, par exemple, observe avec attention le recours insistant à la rhétorique nationale hongroise, car il sait d'expérience que même si celle-ci ne vise pas son exclusion, elle l'entraîne néanmoins dans son sillage.

Les nationaux-socialistes avaient la tâche aisée, ils réduisirent la question complexe de ce qu'est chacun de nous aux origines, à l'appartenance familiale, biologique, ethnique – dans leur langage : à l'appartenance raciale –, ils ne s'embarrassèrent pas d'arguties historiques ou culturelles. Celui dont l'ascendance était juive était lui-même juif ; et ils l'assassinèrent.

Serait-ce Auschwitz qui fit des Juifs des Juifs ? Dans les baraquements où ils étaient couchés, pressés les uns contre les autres, dans les latrines ou dans la chambre à gaz, ils ne faisaient qu'un. Si on les a tués parce qu'ils étaient juifs, comment les survivants ne seraient-ils pas juifs ?

Les Juifs se retrouvent même lorsqu'ils ne se cherchent pas. Sartre, qui disait que c'était l'antisémitisme, la définition négative, le rejet qui faisait le Juif, aurait-il eu raison ? Être juif, serait-ce seulement une réponse butée ?

Pourquoi, cependant, ne remarquerions-nous et ne nommerions-nous pas ce qui est singulier ? Plus une personne est sa propre œuvre, plus sa personnalité est affirmée, moins la simple appellation a de sens. Mais il est également possible que les modèles collectifs aient plus de force que l'idée que nous nous faisons de nous-mêmes.

Si nous avions chassé ensemble, cela nous aurait également rapprochés, mais avoir partagé le sort de bêtes pourchassées rapproche d'avantage. Je me sens plus proche d'une personne qui a eu, comme moi, des proches parmi les victimes, avec qui j'aurais pu être aligné en tenue à rayures dans un camp de concentration. La sensibilité des bêtes crée des liens.

Cela étant dit, je n'aime pas beaucoup être avec d'autres personnes ; j'apprécie modérément l'odeur de la bergerie et même si j'estime que la correction morale demande que nous passions du temps avec nos semblables, je recherche involontairement la solitude, je me retire même du collectif familial et j'aime rester seul dans ma chambre.

Dispersés mais demeurant un peuple ? Oui, car les Juifs ont été chassés d'ici et là, car ils ont survécu ici et là aux massacres ou à leurs tentatives, car ils ont dû fuir et se cacher, car ils ont dû craindre pour leur vie ; ils se sont donc dispersés sur terre et les persécutions les ont renforcés, quoiqu'ils pourraient être aujourd'hui dix fois plus nombreux dans le monde si leurs semblables n'avaient fait preuve d'une telle assiduité dans leur destruction.

Les Chrétiens ont reçu de Jésus la tradition juive en héritage ; il a apporté avec lui la judaïté dans le monde chrétien. Dans les églises, les fresques représentent ensemble les prophètes, les apôtres et les saints. Même s'ils le voulaient, Chrétiens et Juifs ne pourraient séparer les images et les verbes qui leur importent le plus.

Par le biais de la chrétienté et de l'islam, les Juifs ont transmis une partie importante de leur histoire ancienne à une portion considérable de l'humanité. Ils peuvent considérer leur dispersion dans le monde comme une calamité, mais ils peuvent aussi y voir la main de Dieu. Il découle de leur monothéisme que le monde est un et que les hommes sont capables de s'entendre.

Les collectivités juives à travers le monde sont plus étroitement liées entre elles qu'auparavant. Les Juifs de diaspora visitent de plus en plus fréquemment ces deux pôles opposés que sont l'État d'Israël et Auschwitz, toute conscience communautaire ayant ses fêtes de réjouissance et de deuil, ses fêtes positives et négatives. Les unes nous rappellent la vie, les autres, la destruction. La destruction du Temple et de l'État, puis la dispersion qui s'en est suivie, ont dispersé aussi ce qui, de la religion des Juifs, pouvait être converti dans d'autres religions.

Durant les millénaires de sujétion, il n'est resté d'autre rôle aux Juifs que celui de minorité persécutée et expulsée à répétition. Ils ont été amoindris en nombre, certains se sont convertis, ils ont changé, accepté des rôles d'abnégation, ils ont beaucoup fait pour les sociétés nationales et l'intégration du monde. L'idéal d'une humanité solidaire s'éveillant à soi-même les a tenus sous son emprise.

Les trois grandes religions monothéistes sont condamnées à se comprendre. Ayant fait échange de Dieu, nous sommes contraints d'amener également nos religions au contact les unes des autres.

L'objectif suivant est la construction du dialogue avec l'islam. Allah et l'Éternel sont un et identique. Par leurs œuvres, les Juifs modernes sont devenus les porteurs d'un mode de pensée universaliste qui les dépasse. Ils doivent vivre dans cette dualité insurmontable, entre conception de soi globale et nationale ; c'est ce qui leur est échu, ce tourment et cette ambivalence. Le défi universel d'un côté, la solitude de la minorité de l'autre.

L'existence des Juifs, leur notion de Dieu est en soi un défi que rien ne peut supprimer : pourquoi ne sont-ils pas chrétiens, pourquoi ne sont-ils pas musulmans, pourquoi les Juifs sont-ils juifs ? Pourquoi ne se dissolvent-ils pas dans la majorité qui les entoure ?

Il n'y a pas de réponse rationnelle à cette question. Parce qu'ils ne le font pas. Parce que c'est comme ça. Et il en sera encore ainsi pour un temps dépassant notre horizon.

Copyright György Konrád. Traduit de l'hongrois par Miklos Konrad et publié dans la *Neue Zürcher Zeitung* (NZZ).

Freud-Einstein : pourquoi la guerre ?

Freud assis dans un fauteuil du salon familial. Il lit un journal, fume un cigare. Anna, plus loin, écoute la radio.

ANNA

Il était entendu que tu ne fumerais pas plus d'une fois par jour.

FREUD (*après un long silence*)

Anna, il était entendu que je ne voulais pas entendre la voix de cet individu.

ANNA (*après un long silence*)

La voix du docteur qui t'interdit de fumer ?

FREUD

La voix du docteur qui va parler à la radio !

ANNA (*après un silence*)

En quoi Goebbels est-il docteur ?

FREUD

Anna, s'il te plaît, éteins cette radio.

Elle éteint le poste.

On entend une sonnerie.

FREUD

Ça doit être lui.

Il sort du bureau et revient quelques instants après avec le visiteur, Albert Einstein.

Il fait les présentations.

FREUD (*à Einstein*)

Ma fille Anna.

(*à Anna*) Anna, je te présente le rêveur le plus tenace de notre époque : depuis vingt ans, il embête tous les gouvernements en proposant tout simplement de supprimer le service militaire.

EINSTEIN

Cette ténacité vient de disparaître, professeur.

FREUD

Ça m'étonnerait.

EINSTEIN

Depuis le 12 mars…

FREUD

Le 12 mars ?

ANNA

L'élection du voyou au poste de chancelier.

(*à Einstein*) Alors depuis qu'il est au pouvoir, vous acceptez, comme tout le monde, le service militaire et la guerre ?

EINSTEIN

Je boirais bien quelque chose…

(*à Anna*) Je viens de faire une réponse épouvantable à un jeune Belge qui m'a écrit pour me demander de l'aider à soutenir deux compatriotes, objecteurs de conscience, qui sont en prison.

Il sort la lettre de sa poche.

ANNA

Vous leur refusez votre aide ?

EINSTEIN

Je lis ?

FREUD

Lisez l'épouvantable.

Il lit.

EINSTEIN

« Cher Monsieur Nahon… Nous vivions il y a peu de temps encore dans une époque où l'on pouvait espérer combattre efficacement le militarisme en Europe par une résistance individuelle. Mais aujourd'hui, nous nous trouvons en présence d'une situation tout à fait différente. Au centre de l'Europe, l'Allemagne, depuis deux mois, travaille désormais ouvertement et par tous les moyens à la guerre. La Belgique se trouve ainsi gravement en danger et est absolument dépendante de son armée… C'est pourquoi, dans les circonstances actuelles, j'accepterais de bon gré le service militaire, avec le sentiment de contribuer à la sauvegarde de la civilisation européenne… »

J'ai honte d'écrire ça à ce garçon.

ANNA

Vous avez raison d'avoir honte.

EINSTEIN

Mais je l'ai écrit.

ANNA

Si vous n'aviez pas honte, ça ne serait pas seulement épouvantable, ça serait...

EINSTEIN

Ça serait ?

ANNA

Ça serait l'épouvante...

FREUD

Que veux-tu dire, Anna ?

ANNA

L'épouvante : si Albert Einstein, notre plus grand pacifiste, accepte la guerre, c'est vraiment qu'elle va avoir lieu.

FREUD

Elle va avoir lieu.

ANNA (*sa voix monte*)

Et tu trouves normal de rencontrer Albert Einstein — parce que la Société Des Nations vous a demandé de le faire – pour discuter de pourquoi la guerre ? En fumant ton cigare, bien sûr !

FREUD

Qu'est-ce qui te prend, Anna ?

ANNA

Je trouve cette rencontre complètement folle !

Elle s'assoit et pleure en silence.

Parce que vous êtes convaincus que la guerre va avoir lieu, vous vous réunissez tranquillement pour en parler, blablabla ! Je ne veux pas vous entendre dire ce que vous pensez d'Hitler, je veux vous entendre dire ce que vous comptez faire pour l'assassiner.

Long silence.

EINSTEIN

Vous n'avez pas tort, Anna.

ANNA

Je n'ai pas tort ou j'ai raison ?

EINSTEIN

Antigone n'a pas besoin d'avoir raison. Elle n'a pas tort.

FREUD

Franchement, Albert, est-ce que la publication de notre petite correspondance a le moindre sens aujourd'hui ?

ANNA

La moindre décence...

EINSTEIN

Vous me demandez de la franchise ?

FREUD

Oui.

EINSTEIN

Entre nous, Anna a raison, cette publication ne changera rien à ce qui se passe.

FREUD

Les nazis ont-ils réagi ?

EINSTEIN

Ce que vient de m'écrire notre éditeur est amusant ; voulez-vous que je vous le lise ?

FREUD

Oui.

EINSTEIN (*il lit*)

« Mon cher Albert, félicitations, le destin de la publication de votre correspondance avec Freud, "Pourquoi la guerre ?", sera unique dans le domaine de la publication. »

(*il lève la tête*) Vous savez pourquoi unique ?

FREUD

Non.

EINSTEIN (*il reprend la lecture*)

« Jamais en Allemagne un livre n'aura eu une durée de vie aussi courte ; votre "Pourquoi la guerre ?" est sorti le 22 mars... »

FREUD

Oui, dix jours après l'élection d'Hitler.

EINSTEIN (*continuant à lire*)

« Et il a été aussitôt interdit. » Aujourd'hui, c'est nous qui sommes interdits de séjour.

FREUD

La psychanalyse n'est pas encore interdite.

EINSTEIN

Ma théorie de la relativité l'est : plusieurs prix Nobel allemands expliquent qu'elle démontre une vision typiquement juive de l'univers.

FREUD

Est-ce une raison pour vous enfuir aux États-Unis ?

EINSTEIN

Vous trouvez, vous, que votre psychanalyse pourrait vivre si l'Autriche devenait nazie ?

FREUD

Albert, vous avez peut-être le sens de l'espace, mais pas celui de la politique. L'Autriche n'est pas l'Allemagne ; l'empire a toujours protégé ses minorités, le traité de Versailles continue à le faire.

ANNA

Hier, papa disait que le traité de Versailles avait été écrit par un fou !

EINSTEIN

Wilson ?

ANNA

Oui, paraît-il responsable de la guerre qui vient... Et aujourd'hui...

FREUD

Continue, Anna...

ANNA

Et aujourd'hui, papa nous explique que grâce à ce traité, les Juifs sont bien traités en Autriche.

EINSTEIN

Qu'est-ce que vous cherchez à dire, Anna ?

ANNA

Je cherche à dire que papa oblige toute la famille à rester à Vienne à cause d'un traité qu'il dénonce. Alors nous...

EINSTEIN

Nous ?

ANNA

Nous, la famille du grand homme, nous pensons que le grand homme, quand il s'agit de la sécurité de sa famille, est paralysé par ses contradictions. Que pensez-vous de la logique suivante, Albert ?

1 – Il faut fuir à cause du traité de Versailles qui cause la violence des nazis.

2 – Il faut rester à cause du traité de Versailles qui protège des violences nazies !

Elle sort du bureau.

EINSTEIN

Votre fille n'hésite pas à dire ce qu'elle pense, professeur.

FREUD

Vous l'avez dit vous-même : c'est mon Antigone.

EINSTEIN

Antigone a dit à son père qu'il fallait quitter Thèbes et il l'a fait.

FREUD

Il y a une petite différence : j'ai eu affaire à Œdipe mais je ne suis pas Œdipe.

EINSTEIN

Mais vous dites qu'elle est votre Antigone ?

FREUD

Parce qu'elle a raison… Écoutez la lèpre qui s'étend dans la ville (*il ouvre la fenêtre du bureau et l'on entend une rumeur violente qui vient de la rue ; il referme la fenêtre*).

EINSTEIN

Donc vous pensez qu'elle a raison, que vous devriez partir ?

FREUD

Bien sûr que je le pense.

EINSTEIN

Alors ?

FREUD

Je ne peux pas.

EINSTEIN

Pourquoi ?

FREUD

Je ne peux pas, parce que je ne peux pas.

EINSTEIN

Je ne peux pas parce que je ne peux pas ? Est-ce que c'est un argument de psychanalyste ?

FREUD

Nous ne sommes pas dans la même situation. Vos équations scientifiques tiennent toutes seules, Albert, elles n'ont pas besoin de vous pour être défendues ; tandis que la psychanalyse…

EINSTEIN

N'est pas scientifique ?

FREUD

Ne me faites pas dire ce que je n'ai pas dit.

EINSTEIN

Alors pourquoi tenez-vous à rester ?

FREUD

Sans moi… (*silence*)

EINSTEIN

Sans vous elle ne résisterait pas ? Excusez-moi mais ne seriez-vous pas un peu…

FREUD

Mégalomaniaque ?

EINSTEIN

Je veux dire que je crois qu'elle pourrait vivre sans vous.

FREUD

Peut-être…

EINSTEIN

Alors ? Pourquoi tenez-vous à rester ?

FREUD

Parce que je ne veux pas qu'ils sachent que…

EINSTEIN

Que vous avez peur ?

FREUD

Oui, ils me font peur. Ça a l'air de vous étonner ?

EINSTEIN

Un peu. Dans notre correspondance, il n'y a pas un mot qui évoque ce qui aujourd'hui vous effraie.

FREUD

N'ai-je pas parlé, comme vous le demandiez, de la guerre ?

EINSTEIN

Si, mais d'une façon abstraite, éternelle, qui ne renvoie pas à l'actualité.

FREUD

Mon inquiétude n'est pas lisible ?

EINSTEIN

Ce qui est lisible, professeur, ce n'est pas votre inquiétude mais votre pessimisme.

FREUD

Il n'y a que pessimisme ?

EINSTEIN

Presque aucun espoir... D'après ce que je sais, ça vous coûtera le Nobel.

FREUD

Ça aurait fait tellement plaisir à maman !...

Le jury ne me trouve pas assez humaniste ?

EINSTEIN

Il trouve, et moi aussi, que si les guerres sont déterminées, comme vous le dites, par un instinct, par une pulsion, par votre pulsion de mort, il n'y a plus qu'à baisser les bras... Tandis que...

FREUD

Tandis que ?

EINSTEIN

Tandis que si l'on pense que la guerre est causée par un accès de folie...

FREUD

Eh bien ?

EINSTEIN

C'est moins désespérant.

FREUD

Pourquoi cela ?

EINSTEIN

Ça introduit le facteur liberté.

FREUD

La folie n'est-elle pas une renonciation à toute liberté ?

EINSTEIN

Juste avant de tomber dans la folie, le sujet n'était pas fou, n'est-ce pas ?

FREUD

Peut-être pas trop…

EINSTEIN

Il a donc pu choisir d'être fou, de perdre sa liberté quand il était encore libre ?

FREUD

Vous tenez absolument à ce que l'homme soit libre, Albert ?

EINSTEIN

Oui.

FREUD

À ce qu'il ne soit pas déterminé ?

EINSTEIN

En tout cas pas par une pulsion de mort.

FREUD

Je suis heureux d'entendre que vous qui nous avez appris que l'univers était déterminé par une équation de trois lettres êtes en vérité contre le déterminisme !

EINSTEIN

Allez-vous me dire que par les lois que vous découvrez dans l'inconscient, l'homme est aussi déterminé que l'est l'univers par rapport aux lois de la physique ?

FREUD

Oui.

EINSTEIN

C'est ce qui vous fait dire que la psychanalyse est une science ?

FREUD

Entre autres, oui. Vous souriez ?

EINSTEIN

Même un savant comme vous, que j'admire, ne me fera pas renoncer à l'idée que l'homme est doué de liberté.

FREUD

Je ne nie pas l'existence de la liberté, Albert, je parle à ma façon d'une sorte de liberté inconsciente, d'un certain choix que l'homme peut faire, sans même le savoir.

EINSTEIN

On peut choisir sans savoir qu'on choisit ?

FREUD

Par exemple un destin plutôt qu'un autre.

EINSTEIN

Vous avez un exemple moins abstrait ?

FREUD

Un jour, un certain Albert a choisi d'être à jamais curieux de l'espace et du temps. Pourquoi n'a-t-il pas choisi d'être curieux des couleurs, comme Léonard ? ou des sons, comme Mozart ? ou des femmes, comme Casanova ?

EINSTEIN

Oui, pourquoi ?

FREUD

Pas seulement parce que vous avez été marqué pour toujours par la boussole que vous a donnée votre père pour vos cinq ans.

EINSTEIN

Ça serait un peu facile.

FREUD

Je pense que vous ne vous êtes pas contenté, comme tout le monde, de découvrir que l'espace était orienté ; si cette petite boussole vous a marqué à jamais, c'est que *vous* vous étiez découvert, *vous* vous étiez orienté.

EINSTEIN

C'est ce que vous appelez « choix » ?

FREUD

Oui.

EINSTEIN

Vous vous contredisez !

FREUD

En quoi ?

EINSTEIN

Vous disiez auparavant que la guerre montrait que l'homme était totalement déterminé, que votre soi-disant force pulsionnelle de mort ne lui laissait pas de choix.

FREUD

Pourquoi dites-vous « soi-disant force » ?

EINSTEIN

Me permettez-vous de vous citer ?

FREUD

Je vous en prie.

EINSTEIN

Parce que je pense exactement la même chose que vous quand vous dites que la pulsion est un mythe, le mythe de la psychanalyse.

FREUD

Bien joué ! Vous mettez le doigt sur un point sensible. C'est vrai, j'ai dit par honnêteté qu'elle demeurait un mythe tant qu'on n'arriverait pas, scientifiquement, à dire quelle était sa source originaire.

EINSTEIN

Votre honnêteté vous fait envisager une force qui n'est mythique que parce que sa source est indéchiffrable ?

FREUD

Oui.

EINSTEIN

Mais elle ne vous pousse pas à faire une tout autre hypothèse !

FREUD

Laquelle ?

EINSTEIN

Vous ne l'accepterez pas !

FREUD

Dites quand même, je vous écoute.

EINSTEIN

Oui, vous écoutez le monde, et moi je le regarde.

FREUD

Alors qu'est-ce que je n'accepterais pas ?

EINSTEIN

Que votre force pulsionnelle n'existe peut-être pas !

FREUD

Il ne suffit pas de le dire, cher ami.

EINSTEIN

Avez-vous connaissance de ce que j'ai écrit sur la force de gravitation ?

FREUD

J'espère que vous me pardonnerez, Albert, je fais partie de cette multitude d'ignorants qui vous font crédit et ne comprennent rien à votre théorie... Il n'y a, paraît-il, que trois personnes au monde qui vous comprennent vraiment ! Ça n'empêche pas que vous êtes l'homme le plus célèbre du monde, on vous acclame partout comme un héros – sauf en Allemagne, évidemment. C'est loin d'être mon cas ; beaucoup de gens me lisent mais je ne suis pas populaire. Savez-vous à quoi tient votre popularité, Albert ?

EINSTEIN

Franchement, c'est quelque chose à quoi je ne comprends rien... qui me...

FREUD

Qui vous ?

EINSTEIN

Qui m'angoisse. Quand je suis sous les vivats des Américains, j'ai l'impression d'un malentendu, d'être un clown : qu'est-ce que je représente pour ces gens qui m'acclament et ne comprennent rien à ce que je dis ?

FREUD

C'est ça qu'ils aiment !

EINSTEIN

Ça quoi ?

FREUD

Il existe un homme supposé savoir le mystère des mystères. Ça les débarrasse du souci de savoir par eux-mêmes.

EINSTEIN

Cela s'applique à notre propre relation, vous ne trouvez pas ?

FREUD

Comment cela ?

EINSTEIN

Je vous lis régulièrement et si je vous admire, c'est pour cela. Est-ce votre cas envers moi, cher professeur ?

FREUD

Je dois reconnaître que non, je devrais avoir honte.

EINSTEIN

D'où ma question de tout à l'heure au sujet de votre connaissance de ma théorie sur la force de gravitation : vous ne m'avez pas lu mais peut-être en avez-vous entendu parler ? par Cassirer ? ou par Russell ?

FREUD

D'après ce que j'ai compris, vous prétendez que cette force n'existe pas.

EINSTEIN

Je ne le prétends pas !

FREUD

Vous me rassurez !

EINSTEIN

Je ne le prétends pas : je l'ai démontré.

FREUD

Il n'y a plus de force de gravitation ?

EINSTEIN

Non, professeur ; le soleil ne force pas les planètes à tourner autour de lui. Ça a l'air de vous ennuyer ?

FREUD

C'est-à-dire...

EINSTEIN

Je vois que ça vous ennuie... Savez-vous que ça ne m'étonne pas ?

FREUD

Qu'est-ce qui ne vous étonne pas ?

EINSTEIN

Qu'un homme comme vous, qui fait tout tourner autour du père, ait du mal à...

FREUD

À ?

EINSTEIN

À imaginer que le soleil ne soit pas le roi soleil.

FREUD

Vous récusez qu'une force d'attraction fasse bouger les planètes ?

EINSTEIN

Oui.

FREUD

Elles se déplacent sans cause ?

EINSTEIN

Je n'ai pas dit ça.

FREUD

Vous dites quoi ?

EINSTEIN

Qu'elles ne se déplacent pas à cause d'une hiérarchie céleste mais parce que l'espace est courbe… Elles n'obéissent qu'à la loi du moindre effort.

FREUD

Et plus à la loi d'une force ?

EINSTEIN

L'idée de force est une facilité pour la pensée humaine qui a besoin d'une cause simple pour penser le mouvement. Même Newton a cédé à cette illusion.

FREUD

Quand je marche, quand je cours, c'est une illusion de penser que c'est la force musculaire qui me fait avancer ?

EINSTEIN

Peut-être.

FREUD

Les danseurs qui semblent s'envoler quand ils font un entrechat ne le font pas grâce à leurs muscles ?

EINSTEIN

N'avez-vous pas remarqué que quand ils bougent, ils sont orientés ?

FREUD

Orientés ?

EINSTEIN

N'avez-vous pas remarqué que d'un simple mouvement du doigt, du cou, de l'œil, ils indiquent une direction ?

FREUD

Où voulez-vous en venir ?

EINSTEIN

Je cherche à vous dire qu'ils ont peut-être découvert le secret du mouvement.

FREUD

Vous allez bientôt me dire qu'ils bougent de la même façon que les planètes ?

EINSTEIN

Oui.

FREUD

Vos paradoxes sont de la pure poésie, mon cher.

EINSTEIN

Oui.

FREUD

Oui ?

EINSTEIN

Ils nous charment parce qu'ils montrent poétiquement ce que mes équations démontrent.

FREUD

Ils montrent ce que vous démontrez ?

EINSTEIN

Que l'espace est orienté, courbe, et que si le corps trouve le lieu de cette courbure, il est mû sans effort.

FREUD

Il ne se meut pas ?

EINSTEIN

Il se meut parce qu'il est mû invisiblement...

FREUD

Je retire ce que j'ai dit ; vous n'êtes pas un poète, vous êtes un mystique. Je me trompe ?

EINSTEIN

Qu'entendez-vous par ce mot ?

FREUD

Quelqu'un qui ne se contente pas de croire scientifiquement que le monde est intelligible : qui pense que le monde est intelligent.

EINSTEIN

Alors oui, je suis mystique. Oui, je crois que le « vieux » est sacrément intelligent. Quand il a créé ce foutu monde, il l'a fait sans jouer aux dés.

FREUD

Vous lui prêtez des intentions ?

EINSTEIN

Oui et non.

FREUD

Plutôt flou comme réponse.

EINSTEIN

Je pense que ce monde a été créé sans malveillance.

FREUD

Avec bienveillance ?

EINSTEIN

Sans malveillance ne veut pas dire avec bienveillance !

FREUD

S'il n'a pas conçu le mal, la malveillance, c'est qu'il est bon, qu'il a veillé à ce que le monde puisse être stable ?

EINSTEIN

Je crois au dieu de Spinoza, à un monde stable, à un au-delà du bien et du mal.

FREUD

Tant mieux pour vous.

EINSTEIN

Pourquoi tant mieux ?

FREUD

Il vaut mieux pour vous que vous puissiez croire à la stabilité du monde. Si vous n'y croyiez pas...

EINSTEIN

Eh bien ?

FREUD

Eh bien, mon cher Albert, vous pourriez être confronté à quelque chose de terrifiant.

EINSTEIN

Vous aimez parler par énigmes ?

FREUD

Vous ne voyez pas quelle énigme il y a en vous ?

EINSTEIN

Vous allez me le dire ?

FREUD

Je vais dire que vous êtes le plus grand voyant de ce monde et en même temps le plus aveugle. Le problème, c'est que l'aveugle protège le voyant.

EINSTEIN

Quelle est cette protection ?

FREUD

Celle que vous recevez en prétendant que le monde est stable. L'est-il parce qu'il l'est effectivement ou parce que vous souhaitez qu'il le soit ?

Vous savez bien que depuis quelques années, les laboratoires européens s'intéressent beaucoup à votre formule e = mc2.

EINSTEIN

Je le sais.

FREUD

Et qu'ils supposent que l'atome pourrait ne pas être aussi stable que vous le dites !

EINSTEIN

Je le sais.

FREUD

Et que si l'on pouvait le casser, il libérerait une énergie colossale.

EINSTEIN

Je le sais.

FREUD

Vous comprenez ce que je voulais dire ?

EINSTEIN

Sur ma cécité ?

FREUD

Sur votre volonté de ne pas savoir, de ne pas regarder en face les conséquences de la claire voyance qui vous a fait écrire trois lettres.

EINSTEIN

(*Long silence*) Une bombe atomique allemande ?

FREUD

Franchement, Albert, vous êtes vraiment sûr de la stabilité de l'atome ? Ou est-ce…

EINSTEIN

Une façon de me détourner de ma responsabilité ?

FREUD

Oui.

EINSTEIN

Je ne sais plus… Je suis malade d'angoisse en pensant qu'en ce moment même, Heisenberg travaille sur ce projet pour les nazis.

FREUD

Le mal existe, Albert.

EINSTEIN

Je le sais : votre foutue pulsion de mort. Vous dites même qu'elle est diabolique... Excusez-moi mais je pense que votre force pulsionnelle n'existe pas. Elle est trop simple pour rendre compte de la complexité de la guerre.

FREUD

Vous trouvez ça simple ?

EINSTEIN

Presque rassurant, ça explique trop les choses.

FREUD

Vous trouvez simple de déceler que les grands idéaux d'amour – tu aimeras ton prochain comme toi-même – peuvent, comme dans l'inquisition, être des paravents au service de la pulsion de mort ?

EINSTEIN

Ce qui me gêne, c'est l'idée que votre pulsion de mort aurait rapport au biologique : pour moi, nous sommes devenus des humains depuis que nous avons perdu tout lien avec l'animal, avec le biologique.

FREUD

Nieriez-vous Darwin, Albert, nieriez-vous notre filiation animale ?

EINSTEIN

Non, mais n'y a-t-il pas des différences absolues entre des êtres qui sont de la même famille ?

FREUD

Pas absolues.

EINSTEIN

Vous même n'avez-vous pas distingué l'homme de l'animal en disant que l'un était poussé par une pulsion et l'autre par un instinct ?

FREUD

J'ai dit qu'avec la pulsion, on sortait de l'opposition métaphysique corps-esprit, qu'elle introduisait l'obscurité du corps dans la clarté de l'esprit.

EINSTEIN

Donc la pulsion n'est pas qu'une tendance biologique !

Il y a autre chose qui me gêne beaucoup.

FREUD

Je ne m'attendais pas à être si gênant.

EINSTEIN

C'est ce que vous dites dans votre lettre sur l'origine du droit : « Il n'y a qu'un chemin…

FREUD

… qui a conduit à la violence du droit. »

EINSTEIN

Vous maintenez ?

FREUD

Oui.

EINSTEIN

Vraiment, vous maintenez ça ?

FREUD

Pourquoi ?

EINSTEIN

Cette affirmation ne vous ressemble pas.

FREUD

En quoi ?

EINSTEIN

Vous nous avez habitués, cher ami, à voir plus de complexité dans le réel humain. Je vous relis : vous dites que l'union fait la force, n'est-ce pas ?

FREUD

Oui.

EINSTEIN

Que l'union des plus faibles fonde un droit qui fait la force d'une communauté.

FREUD

Oui.

EINSTEIN

Et que la force du droit brise la force du tyran ?

FREUD

Vous n'êtes pas d'accord ?

EINSTEIN

Cher professeur, il y a trop de forces dans votre affaire... La force donne l'illusion d'une explication facile.

FREUD

Pourquoi dites-vous « cher professeur » ?

EINSTEIN

Pourquoi je dis quoi ?

FREUD

Pourquoi dites-vous « cher professeur » au moment où vous m'attaquez ?

EINSTEIN

Je disais que votre usage de la force...

FREUD

Était trop facile – vous allez m'expliquer l'origine du droit autrement ?

EINSTEIN

Pourquoi pas ?

FREUD

Allez-y !

EINSTEIN

Pour vous, le droit viendrait de l'union intéressée des fils contre le tyran ?

FREUD

Pourquoi dites-vous « intéressée » ?

EINSTEIN

Les faibles ont évidemment intérêt à s'unir pour prendre le pouvoir au nom du droit ; mais, professeur, il n'y a pas que l'intérêt au sens trivial.

FREUD

Je sens que mon ami Albert, dont nous aimons tous l'idéalisme, va me parler d'une utopie désintéressée à la base du droit !

EINSTEIN

Non, pas d'une utopie.

FREUD

De quoi, alors ?

EINSTEIN

De la science !

FREUD

Alors là, vous m'intéressez !

EINSTEIN

Êtes-vous d'accord avec moi pour dire qu'une équation ou une figure géométrique est désintéressée ?

FREUD

Je ne vois pas où vous voulez en venir.

EINSTEIN

À ceci : il existe un endroit où l'idée d'égalité entre hommes ne s'est pas déduite d'une révolte violente des faibles.

FREUD

J'aimerais le connaître.

EINSTEIN

Il vous est très proche, si proche...

FREUD

Que je ne le vois pas ? On dirait que vous me parlez de « La lettre volée » d'Edgar Poe !

EINSTEIN

Je parle de ce lieu où les Grecs ont inventé la philosophie, la géométrie et la propriété du cercle d'avoir des rayons égaux, qui montrent le concept d'égalité.

FREUD

De l'égalité démocratique ?

EINSTEIN

Parfaitement. L'égalité des Athéniens devant la loi du *nomos* s'est déduite du concept d'égalité d'une loi géométrique.

FREUD

Vous voulez nier l'histoire, Albert, nier que l'invention du droit démocratique n'a pas été le résultat d'une révolte de la plèbe ?

EINSTEIN

Je n'ai pas dit qu'il n'y a pas eu de révolte ; je dis qu'il y a eu une certaine révolte, qui ne s'est pas moins faite contre l'injustice que pour faire valoir la justesse du droit naturel.

FREUD

D'après vous, la révolte d'Antigone n'est pas l'expression d'une force pulsionnelle contre le père ?

EINSTEIN

Là, je suis plus proche des Grecs que de vous : je dis qu'Antigone n'a pas agi seulement contre la loi écrite mais pour faire valoir, comme dit Aristote, sa divination d'un droit naturel non écrit universel.

FREUD

Si je vous entends bien, l'Antigone dont vous me parlez n'est pas poussée par une pulsion personnelle agressive ? Elle est agie par une loi impersonnelle, universelle ?

EINSTEIN

Est-ce une idée anti-freudienne ?

FREUD

Peut-être pas.

EINSTEIN

Peut-être pas ?

FREUD

Je ne sais pas tout de suite si je peux être freudien devant une idée nouvelle...

EINSTEIN

Vous disiez tout à l'heure que la pulsion introduisait l'obscurité du corps dans la clarté de l'esprit ?

FREUD

Oui, l'obscurité dans la lumière.

EINSTEIN

Diriez-vous, comme Thomas Mann l'a fait, que la pulsion représente l'obscurité que recherchent les romantiques quand ils s'opposent aux Lumières du XVIIIe ?

FREUD

J'aime beaucoup cette idée.

EINSTEIN

Mais aimez-vous l'idée qui en découle, au nom de laquelle Thomas Mann vous critique ?

FREUD

Dites.

EINSTEIN

Il dit que vous êtes l'homme qui a dépassé l'opposition des Lumières du XVIIIe et des romantiques du XIXe en démontrant qu'il y avait de l'obscur au sein de la lumière et de la lumière au sein de l'obscur.

FREUD

D'accord avec lui. Où est la critique ?

EINSTEIN

Il considère que le nazisme est une apologie des forces obscures, une forme de romantisme dévoyé par la haine des Lumières.

FREUD

Encore une fois d'accord. Où est la critique de la psychanalyse là-dedans ?

EINSTEIN

Il remarque qu'aucun discours n'a été capable de résister à la propagation du discours nazi, que seule la psychanalyse aurait pu s'y opposer efficacement en disant à haute voix, au grand public, qu'on peut parfaitement accepter l'idée romantique, dont a besoin l'homme contemporain qui étouffe dans notre civilisation, sans haïr pour autant la raison ! Mais vous vous êtes tu, professeur, pourquoi n'avez-vous pas parlé ?

FREUD

Vous me demandez de me justifier ?

EINSTEIN

Vous savez bien que ça n'est pas ce que je vous demande ! Vous êtes justifié par votre œuvre... Je vous demande de me faire comprendre le sens de votre...

FREUD

De ma ?

EINSTEIN

Je ne trouve pas le mot... De votre réserve, de votre retenue...

FREUD

Soyez plus clair !

EINSTEIN

Prenez notre correspondance. Aujourd'hui où nous craignons tous une nouvelle guerre causée par les fascistes et que la Société Des Nations vous demande officiellement votre avis sur « Pourquoi la guerre ? », n'aurait-ce pas été l'occasion qu'un homme tel que vous fasse entendre des choses très fortes ?

FREUD

Ce que j'ai écrit...

EINSTEIN

Ce que vous avez écrit sur la nature humaine gouvernée par deux pulsions est évidemment très fort. Mais cela ne concerne que ce qu'il y a d'éternel dans l'homme. Vous ne nous faites pas entendre un mot de ce que vous auriez à dire sur ce qui se passe ici, maintenant, en mai 1933, au moment où triomphent Hitler, l'antisémitisme, les idées sur l'art dégénéré, sur la grandeur des Aryens...

Je suis en train de m'énerver.

FREUD

Oui, vous êtes en train de perdre votre sang-froid.

EINSTEIN

Comment pouvez-vous garder votre sang-froid comme vous le faites ? !

FREUD

Ce n'est pas une qualité, Albert, c'est mon plus grand défaut : je ne me laisse pas aller à l'émotion.

EINSTEIN

Vous ne voulez pas ou vous ne pouvez pas ?

FREUD

Vous feriez un bon analyste ! Malgré moi, je ne peux ressentir que ce que je contrôle par la pensée... Je ne suis pas, comme vous, capable de me laisser ravir par l'émotion, pas même par l'émotion musicale.

EINSTEIN

Qui est l'émotion même que nous donne l'amour.

FREUD

Sans doute.

EINSTEIN

Puis-je vous poser une question à ce sujet ?

FREUD

Au point où nous en sommes, allez-y.

EINSTEIN

L'amour est une émotion, la haine aussi ?

FREUD

Oui.

EINSTEIN

J'ai lu le texte que vous avez écrit sur le Président Wilson. Est-ce que j'exagère en disant que dans ce texte transparaît votre haine pour Wilson ?

FREUD

Non, vous n'exagérez pas. Je déteste ce bondieusard hypocrite qui a imposé un traité de paix qui va nous coûter une nouvelle guerre.

EINSTEIN

Donc vous pouvez vous laisser aller aux affects de haine.

FREUD

Oui.

EINSTEIN

Alors aidez-moi à comprendre la contradiction qu'il y a en vous.

FREUD

Il y en a plus d'une ! De laquelle parlez-vous ?

EINSTEIN

Trouvez-vous logique d'avoir écrit la psychanalyse d'un cul béni qui se croit missionné par Dieu pour faire la paix, plutôt que la psychanalyse d'un Hitler qui se proclame missionné par le destin pour détruire la moitié de l'humanité ? Réalisez-vous que votre psychanalyse de Wilson n'a aucun intérêt, qu'elle n'aura aucun impact sur le public, alors que si vous aviez écrit une psychanalyse d'Hitler, du nazisme, aujourd'hui tout le monde la lirait et l'on ne peut pas savoir les conséquences que cela aurait pu avoir ! Thomas Mann pense que ça aurait peut-être pu changer le cours des choses ! Vous croyez qu'il est fou ? Que je suis fou ?

FREUD

Je crois que vous êtes en pleine illusion.

EINSTEIN

Vous n'avez donc jamais tort ? Vous croyez vraiment que vous avez eu raison de passer du temps sur Wilson plutôt que sur Hitler ?

FREUD

Non, ce livre sur Wilson a été stupide. On ne peut pas réussir une interprétation psychanalytique avec de la haine.

EINSTEIN

C'est pour cela que vous vous taisez sur le nazisme ? En 1915, vous aviez pourtant écrit sur la guerre.

FREUD

Peut-être avais-je quelque chose à dire sur la folie nationaliste de l'époque.

EINSTEIN

Voulez-vous dire que dans la folie nazie…

FREUD

Il y a quelque chose de différent... Quelque chose...

EINSTEIN

Quelque chose que vous ne comprenez pas ?

FREUD

Peut-être... Peut-être qu'avec la « pulsion de mort », je n'ai fait que donner un nom à ce que je ne comprends pas... à ce qui n'a pas de nom.

EINSTEIN

Qui est innommé ?

FREUD

Peut-être innommable.

EINSTEIN

C'est quoi, l'innommable ?

FREUD

Ce qui arrive à l'homme quand il renonce à devenir homme.

EINSTEIN

Ce qui lui arrive alors, est-ce que c'est la folie ?

FREUD

Pas tout à fait, si l'on considère que dans la folie il n'y a plus de choix.

EINSTEIN

L'homme pourrait choisir de ne plus devenir homme ?

FREUD

Oui.

EINSTEIN

Il choisirait autre chose ?

FREUD

Oui.

EINSTEIN

Quoi ?

FREUD

L'idole !

EINSTEIN

La folie de la première guerre mondiale brûlait aussi pour une idole ?

FREUD

Oui.

EINSTEIN

Quelle différence avec aujourd'hui ?

FREUD

En 1914, l'idole était le mot « patrie ».

EINSTEIN

Et aujourd'hui ?

FREUD

L'idole s'appelle « sang aryen ».

EINSTEIN

Je ne comprends pas. Il y a différents types d'idoles ?

FREUD

Oui, différentes façons de s'oublier, de se renier...

EINSTEIN

C'est ce que vous apprenez de vos patients ? Qu'il est possible de s'oublier ? de se renier ?

FREUD

Pas que de mes patients...

EINSTEIN

De vos compatriotes ?

FREUD

Pas que de mes compatriotes...

EINSTEIN

De certains de vos amis ?

FREUD

De quelqu'un qui parfois n'est pas mon ami.

EINSTEIN

Qui ça ?

FREUD

Moi.

EINSTEIN

Vous ?

FREUD

Oui.

EINSTEIN

Vous, idolâtre ?

FREUD

Oui... Ça m'est arrivé.

EINSTEIN

C'est difficile à imaginer.

FREUD

C'est difficile de m'en souvenir.

EINSTEIN

Difficile ?

FREUD

Ça fait mal.

EINSTEIN

C'était quand ?

FREUD

En 1914, quand la guerre a éclaté, j'ai basculé dans la passion nationale germanique.

EINSTEIN

C'était parce que vos fils étaient appelés au front ?

FREUD

Ne me cherchez pas d'excuses, Albert ! J'ai basculé : moi qui croyais haïr l'idole, je ne savais pas qu'elle pouvait être plus forte que moi, me faire renoncer...

EINSTEIN

À ?

FREUD

À ce que je suis, à ce qui me fait parler au nom de cette vérité qui est en nous et qui n'a pas de nom, au nom de cette chose que j'ai appelée l'inconscient.

EINSTEIN

L'idole, c'est l'image qui fait taire l'inconscient ?

FREUD

Oui…

EINSTEIN

Et l'interdit de l'idolâtrie, c'est pour qu'il ne se taise pas ?

FREUD

Pour qu'il puisse s'ouvrir et pour que l'homme puisse l'ouvrir. Avez-vous remarqué, Albert, que pour la Bible, le Juif n'est pas défini par sa croyance en Dieu mais par sa non croyance en l'idole ?

EINSTEIN

C'est une question terrible pour les Juifs, ce que vous venez de dire.

FREUD

Ils sont habitués aux questions.

EINSTEIN

Peut-être, mais quand même : si vous, un jour, vous avez pu renoncer à l'interdit de l'idolâtrie, alors qui est juif ?

FREUD

Il n'y a pas d'être juif, Albert… Il n'y a qu'un homme qui, chaque matin, en se réveillant, peut choisir de se demander : « Est-ce qu'aujourd'hui je vais me donner ou me refuser à l'idole ? »

EINSTEIN

Si je décide de ne pas me donner, est-ce une garantie ?

FREUD

Non.

EINSTEIN

Quand Abraham choisit de suivre la voix qui lui dit « va vers toi », qu'est-ce qui garantit que ce « toi » n'est pas une idole ?

FREUD

Rien.

EINSTEIN

Rien ?

FREUD

On ne sait que dans l'après-coup ce qui s'est passé.

EINSTEIN

Hitler aussi dit qu'il a été vers son destin.

FREUD

Dans l'après-coup, on apprend qu'Abraham a été vers un lieu qui est un « devenir ».

EINSTEIN

« Là où c'était, je dois devenir » ? C'est de ça que vous parlez ?

FREUD

Oui.

EINSTEIN

Hitler n'est pas devenu ?

FREUD

Il est revenu à ce qui, en l'homme, est la fixité absolue, le non devenir : le sang aryen.

EINSTEIN

Vous n'expliquez pas le succès d'Hitler. Pourquoi la fascination d'une multitude pour ce qui ne devient pas ?

FREUD

Vous venez d'employer le mot fascination.

EINSTEIN

Oui.

FREUD

C'est un mot qui évoque le regard. Ce regard qui fait voir le sang aryen offre une réponse à l'angoisse que tout homme connaît quand il doit choisir.

EINSTEIN

Vous parlez latin, professeur. Quelle est cette angoisse ?

FREUD

Kierkegaard avait raison de parler de la crainte et du tremblement d'Abraham : s'il n'avait eu qu'à obéir à la voix qui lui disait « va vers toi », il n'aurait pas eu de raison de connaître la crainte !

EINSTEIN

Je ne sais pas si l'idée que vous vous faites d'Abraham est très casher.

FREUD

Cher Albert, nos sages disent que « va vers toi » n'est pas qu'un commandement mais aussi une question, car il n'est pas dit à Abraham comment il doit faire. Où doit-il exactement aller ? Comment s'autoriser de lui-même ? C'est devant cette liberté qu'il tremble.

EINSTEIN

Selon vous, les nazis seraient devenus des hommes qui ne connaissent plus la crainte car ils n'ont plus à s'autoriser d'eux-mêmes ?

FREUD

Ils ne s'autorisent plus de leur inconscient mais de leur führer.

EINSTEIN

Il leur en bouche un coin ?

FREUD

Oui, ça fait un joli bouchon.

EINSTEIN

Ça bouche quoi exactement ? Ce trou que vous appelez l'ombilic du rêve ?

FREUD

Exactement.

EINSTEIN

Et ça donne du plaisir de boucher ce trou avec une idole ?

FREUD

J'appelle ça le principe de plaisir.

EINSTEIN

Excusez-moi mais si ça donne le plaisir dont vous parlez, pourquoi les idolâtres sont-ils tellement en rage, tellement haineux ?

FREUD

Vous ne concevez pas que le fait d'abdiquer puisse causer et du plaisir et de la rage ?

EINSTEIN

En 1915, j'ai vu cette abdication en direct, ça a été le choc de ma vie : les plus grands scientifiques allemands ont signé un « appel au monde civilisé » pour exalter la guerre et la nation allemande menacée par les étrangers et les asiatiques. J'ai aussitôt proposé une contre-pétition pacifique.

FREUD

Combien avez-vous eu de signatures ?

EINSTEIN

Deux... Vous croyez toujours que l'idolâtrie nationale est différente de l'idolâtrie nazie ?

FREUD

Toutes les idoles n'ont pas le même pouvoir destructeur : l'abdication de l'esprit pour la nation n'est pas la même que celle que propose le racisme.

EINSTEIN

La haine nationaliste est différente de celle des nazis ?

FREUD

La haine des nationalistes est dirigée contre l'ennemi extérieur, la haine raciste est dirigée contre un ennemi intime.

EINSTEIN

Quel est cet ennemi interne ?

FREUD

L'homme lui-même, le sentiment diabolique qu'offre le plaisir de renoncer à devenir humain... Mais ça pose un problème.

EINSTEIN

Lequel ?

FREUD

Impossible d'éprouver ce plaisir sans enrager.

EINSTEIN

Je fais partie des gens qui ne trouvent pas rationnel qu'un plaisir puisse faire enrager.

FREUD

S'abandonner à jouir du führer coûte très *chair* – écrivez ce mot comme vous voulez.

EINSTEIN

C-h-a-i-r ?

FREUD

Oui, abandonner sa chair au règne du « sang aryen » est inconsciemment insupportable. Je dis bien inconsciemment.

EINSTEIN

Malgré le plaisir ?

FREUD

Croyez-vous, Albert, qu'un être humain puisse, tout au fond de lui, accepter sans horreur que sa chair soit quelque chose d'immuable, sans devenir ?

EINSTEIN

Qu'est-ce qu'il fait de cette horreur de lui-même ?

FREUD

Il la transforme.

EINSTEIN

En quoi ?

FREUD

En haine absolue, sans retour.

EINSTEIN

Haine de quoi exactement ?

FREUD

Haine de ce qu'il n'arrive pas, malgré ses efforts, à oublier.

EINSTEIN

Qu'est-ce qu'il n'arrive pas à oublier ?

FREUD

Que son origine, l'origine des origines, n'est pas le sang, qu'il est autre chose que le fils d'un ancêtre aryen.

EINSTEIN

Alors fils de quoi ?

FREUD

Fils du langage.

EINSTEIN

Je ne suis pas le fils de mon père ?

FREUD

Vous êtes le fils de son nom. De sa façon de nommer.

EINSTEIN

Il nommait en allemand, comme ma mère. C'était leur langue maternelle.

FREUD

Vous n'êtes pas seulement fils d'une langue maternelle mais fils de ce qu'il y a d'universel dans le langage.

EINSTEIN

Vous voulez dire fils de la science ? Que seules les mathématiques sont universelles ?

FREUD

Non, il y a un autre universel.

EINSTEIN

Je ne le vois pas.

FREUD

Quand vous jouez du violon, ne ressentez-vous pas qu'un Anglais, un Russe, un Berbère, un Chinois pourrait vous entendre ?

EINSTEIN

Oui... Croyez-vous qu'avant la séparation des langues, à Babel, il y avait une langue universelle, la musique ?

FREUD

Pourquoi pas ? Il y a des gens sérieux qui pensent que l'homme chantait avant de parler.

EINSTEIN

Je voudrais revenir à notre sujet : vous disiez que la haine des nazis était liée à l'oubli de...

FREUD

À mon avis, à l'impossibilité d'oublier la vraie origine de l'homme.

EINSTEIN

Le langage ?

FREUD

Le langage comme support de l'universel.

EINSTEIN

Si le langage est notre père commun à tous, alors nous sommes tous frères et sœurs ?

FREUD

En un sens, oui.

EINSTEIN

Fils et filles d'un même père ?

FREUD

Pourquoi pas ?

EINSTEIN

En somme, professeur, vous êtes un vrai Juif ! Vous croyez en un père universel ?

FREUD

Le problème n'est pas ce que je crois, le problème est qu'Hitler croit que les Chrétiens, les Catholiques et les Protestants allemands croient à l'existence du Dieu de la Bible, créateur providentiel, qui a voulu que les hommes vivent sous le joug d'une loi de justice et d'amour.

EINSTEIN

Je vous ferai remarquer, professeur, que ce ne sont pas les Chrétiens qui sont persécutés.

FREUD

Vous ne comprenez donc pas ce qui se passe ?

EINSTEIN

Il semble que non.

FREUD

Hitler pense – comme moi, d'ailleurs – que les Chrétiens allemands sont des « mal baptisés », qu'ils ont été convertis contre leur gré par les missionnaires chrétiens et qu'il suffirait d'un rien pour qu'ils fassent retour à la religiosité aryenne germanique.

EINSTEIN

D'un rien ?

FREUD

Il suffirait qu'ils n'aient plus sous leurs yeux le témoignage de ceux qui croient en un Dieu de justice, les Juifs, pour revenir à ce qu'ils étaient et qu'ils puissent se convertir aujourd'hui à la religion nationale socialiste.

EINSTEIN

À vous entendre, s'il veut expulser les Juifs, ce n'est pas pour leur voler leur argent mais pour que les Chrétiens oublient les témoins de la loi ?

FREUD

Pour sa propagande, Hitler met en avant l'argent des Juifs ; pour ne pas s'aliéner l'Église, il ne va pas dire en public que son véritable adversaire, c'est l'idée d'un Dieu transcendant dont la loi coupe court à toute possibilité de règne naturel d'une race de seigneurs. Vous faites une drôle de tête, Albert, ce que je viens de dire vous choque ?

EINSTEIN

Oui… Je suis un peu sonné par ce que vous dites… Vous pensez que les Chrétiens allemands pourraient se convertir au national socialisme ?

FREUD

Vous verrez ce qui se passera.

EINSTEIN

Ce qui se passera pour qui ? Pour eux ? Pour les Juifs ?

FREUD

Et pour eux et pour les Juifs.

EINSTEIN

Alors pourquoi n'avez-vous pas parlé de cela dans notre correspondance ?

FREUD

J'ai pensé qu'il ne fallait pas…

À ce moment, la porte s'ouvre brutalement. Anna entre, reste immobile un instant.

ANNA

Ça y est.

EINSTEIN

Ça y est quoi ?

ANNA

Goebbels à la radio.

EINSTEIN

Ouvrez le poste, Anna.

FREUD

Non !

ANNA

Si !

Elle ouvre le poste et l'on entend des bribes du discours suivant de Goebbels :

« Aujourd'hui, 10 mai 1933, le peuple allemand encore une fois s'est réveillé et a décidé spontanément, pour aller vers son propre avenir, de rompre à jamais avec les idées marxistes, juives, socialistes, communistes, qui souillent l'âme allemande. Mais cette âme est indestructible, elle brûle dans nos cœurs d'un feu joyeux qui s'est alimenté aujourd'hui, dans un magnifique et immense autodafé où ont été détruits pour toujours les livres de Messieurs Marx, Freud, Einstein, Mann, Schoenberg, Schnitzler... »

Freud a coupé la radio. Ils se regardent.

FREUD

Pourquoi faites-vous cette tête ? Vous ne voyez pas le progrès ?

EINSTEIN

Le progrès ?

FREUD

Au Moyen-Âge, ils nous auraient brûlés, aujourd'hui, ils ne brûlent que nos livres.

Fin

« Freud-Einstein : pourquoi la guerre ? »[1] *sera très prochainement filmée par le réalisateur Jean Queyrat, avec Michel Bouquet dans le rôle d'Einstein, Pierre Forest dans le rôle de Freud et Axelle du Rouret-Weill dans le rôle d'Anna.*

(1) Une première version de cette pièce a été publiée dans un volume *Théâtre* consacré aux pièces d'Alain Didier-Weill aux éditions des crépuscules (2010).

Le lieutenant Edgar Morin attaché au bureau Propagande
du gouvernement français en Allemagne en 1945.
© Collection personnelle Edgar Morin

Les inédits de l'Imec
pour la RDJ

imec
abbaye d'ardenne

Le roman de Morin

Pour une surprise, c'en fut une, et de taille : près de mille deux cents feuillets manuscrits et tapuscrits, accompagnés d'une foultitude de notes et de dialogues préparatoires, le tout dans un immense désordre. Tel était le manuscrit de ce roman qu'Edgar Morin disait souvent perdu pour toujours, au gré de nombreux déménagements et aléas d'une vie privée parfois compliquée et agitée... En réalité, le manuscrit de *L'année a perdu son printemps* gisait dans de vieilles chemises, au milieu de tas d'autres papiers relatifs aux années 1945-46. Retrouvé par Pascale Butel, chargée à l'IMEC de l'inventaire des volumineuses archives confiées en plusieurs fois par Edgar Morin (au total près de deux cents boîtes d'archives), il semble complet, avec un prologue (que nous publions ci-après) et une dernière page portant le mot «FIN». Edgar Morin fut lui-même fort étonné et ravi de cette réapparition d'un texte qu'il croyait vraiment disparu à jamais, comme il l'a confirmé à son biographe Emmanuel Lemieux qui, dans son ouvrage paru en 2009, *Edgar Morin, l'indiscipliné* (Le Seuil), souligne qu'à cette date, Morin fourmille de projets littéraires, dont deux ouvrages restés jusqu'à ce jour tout à fait inédits : outre *L'année a perdu son printemps*, un petit texte, intitulé *L'île de la mort*, qui fait le récit de la mort de sa mère et dont Edgar Morin a conservé le manuscrit jusqu'à ce jour. Dans l'un et l'autre, on retrouve le narrateur sous le nom d'Albert Mercier, un nom de la France profonde, d'une banalité extrême.

Il existe plusieurs variantes de certaines parties de *L'année a perdu son printemps* (par exemple, l'une avec un monologue intérieur d'Albert Mercier, une autre sans). La majeure partie du manuscrit raconte la vie de Mercier, ses années de lycée,

de la quatrième à la terminale, se poursuit jusqu'à la guerre, et se termine sur son arrestation par la Gestapo en 1943 et sa mort ; il est fusillé par les Allemands pour cause d'actions de résistance.

Un roman qu'on peut qualifier d'existentialiste, d'une écriture très classique, dans lequel Morin nous relate les années d'apprentissage de son double, Albert Mercier, au fil des événements historiques, de ses amitiés, de ses lectures, de ses engagements et de ses premiers émois amoureux. Au milieu du manuscrit, on trouve le texte d'une « nouvelle inédite » intitulée « Le buvard », récit d'une tricherie lors d'un examen de physique-chimie, que Morin paraît avoir un moment extrait de son manuscrit pour une éventuelle publication, peut-être dans une revue, mais que nous n'avons pas retrouvé à ce jour. Dans le même ordre d'idées, on trouve plusieurs pages composées en placards, avec une remarque manuscrite au crayon : « roman pour Edgar Morin ». Là encore, difficile, sinon impossible, de savoir si ces extraits ont été publiés ou pas...

Dans le texte du prologue que nous publions ci-après, Edgar Morin tente une description quasiment proustienne de la question de la mémoire et des souvenirs.

Au-delà de l'intérêt du texte lui-même, que peut-on faire d'un tel document ? Le conserver tel quel à l'état d'archive, le laisser accessible aux seuls chercheurs patentés et si possible spécialistes en morineries ? Ou bien envisager sa publication ? Outre que cela supposerait de la part de l'auteur un important travail de remémoration et de réécriture, il n'est pas certain qu'il y parvienne, pour une raison simple : depuis l'écriture de ce roman, son oeuvre s'est déployée sur des terrains non-fictionnels, sociologiques, philosophiques ou politiques où s'est peu à peu formée l'oeuvre d'un grand penseur du monde contemporain, aujourd'hui célèbre et célébré par tous – ce qui fut très loin d'être toujours le cas ! Qu'il suffise

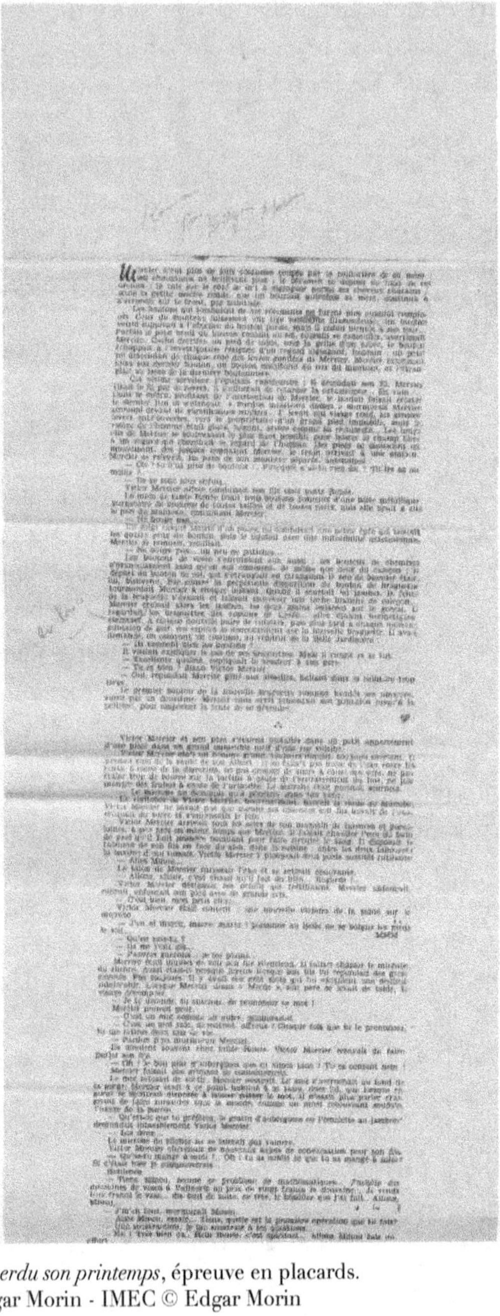

L'année a perdu son printemps, épreuve en placards.
Fonds Edgar Morin - IMEC © Edgar Morin

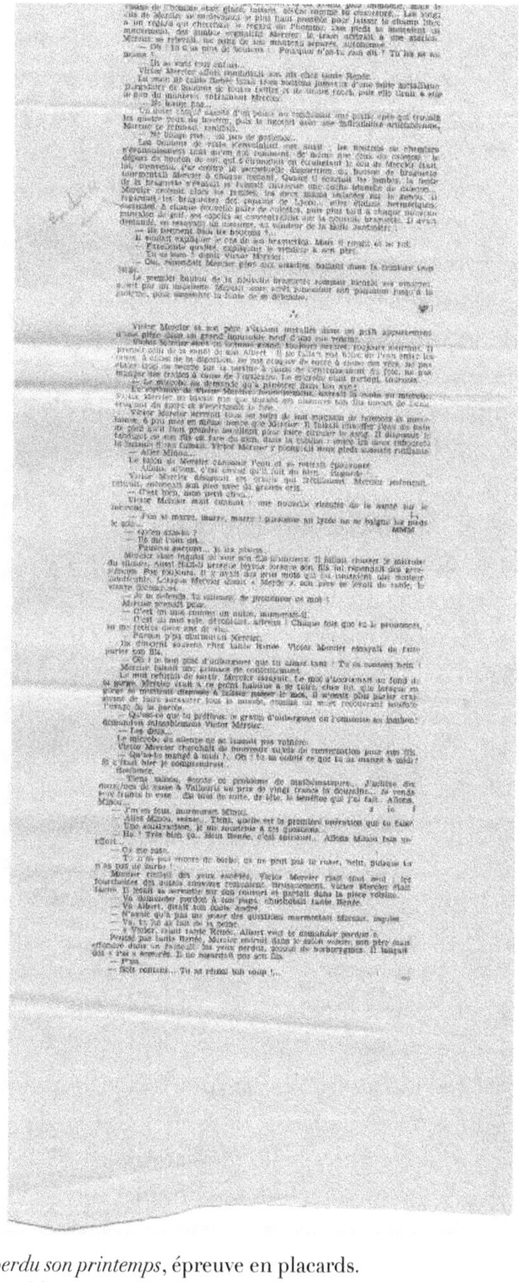

L'année a perdu son printemps, épreuve en placards.
Fonds Edgar Morin - IMEC © Edgar Morin

de se rappeler les temps pas si éloignés où l'oeuvre d'Edgar Morin était vilipendée par ses camarades sociologues, par exemple, qui n'avaient pas de vocabulaire assez dur pour le traiter d'essayiste – injure suprême pour certains –, si ce n'est de charlatan, et n'avaient de cesse de railler son concept de « complexité » ; et je ne parle pas ici de la période de la revue *Arguments* où, avec Jean Duvignaud, Kostas Axelos et quelques autres comploteurs, ils avaient entrepris - pas moins – de réviser de fond en comble leur (et pourtant nôtre) vision du monde et de mettre en place de nouvelles manières de penser et de vivre... On sait que dans les années 60, l'adjectif « argumentiste » figurait au dictionnaire des injures établi par les situationnistes de Guy Debord...

Reprendre ce texte poserait donc à l'auteur une série de problèmes à mon avis difficilement solubles, ne serait-ce que la question du narrateur lui-même, qui, parfois, change d'Albert en Roger. Et puis surtout, il est fort probable que les conditions de son écriture n'étant plus du tout les mêmes, Edgar Morin, si tant est qu'il en ait la tentation, aurait bien du mal à ne pas vouloir transformer ce texte de fond en comble – ce qui en ferait un tout autre ouvrage et ferait sans doute perdre à celui-ci tout ou partie de son charme de roman d'apprentissage ou de formation, avec ses qualités et ses défauts. Disons-le sans détours ni précautions : seule une publication posthume de ce texte aurait du sens – et elle serait en soi déjà fort compliquée à établir. Mais il s'agirait alors de tout autre chose : d'un travail de relevé de traces, de la mémoire d'un désir d'être écrivain – ce que Morin est devenu par la suite, en particulier dans son impressionnant journal (récemment réédité au Seuil dans deux forts volumes de près de deux mille cinq cents pages imprimées au total).

À l'époque de ces tentatives romanesques, c'est-à-dire au sortir de la guerre, Edgar Morin cherche indubitablement à devenir romancier. Son premier ouvrage, consacré aux conséquences

de la défaite de l'Allemagne : *L'an zéro de l'Allemagne*, est publié en 1946 aux éditions de la Cité universelle, créées par ses très proches amis Marguerite Duras et Robert Antelme (ce dernier ayant inauguré la série par son célèbre livre *L'espèce humaine*, devenu, avec ceux de Primo Levi et de David Rousset, un des ouvrage fondamentaux sur l'univers concentrationnaire). Dans la foulée, Morin publie en 1948 un premier roman, intitulé curieusement *Une cornerie*, chez l'éditeur suisse Nagel, spécialisé dans les guides de voyage mais à l'époque à l'affût de nouveaux auteurs (c'est cet éditeur qui, en 1946, a publié l'ouvrage de Jean-Paul Sartre, promis à un grand succès : *L'existentialisme est un humanisme*). C'est d'ailleurs ce même éditeur, précise E. Lemieux, qui annonce alors la publication prochaine de *L'année a perdu son printemps* – laquelle n'aura en définitive jamais lieu.

Quelles sont les raisons de ce renoncement ? De plusieurs ordres, en fait. D'abord, selon E. Lemieux, il y a cette injonction d'Elsa Triolet, à la suite de sa lecture d'*Une cornerie* : « Vous avez du talent, mais vous devez prendre d'autres sujets. » Ensuite il y a, semble-t-il, le refus du manuscrit par son ami l'éditeur François Erval ainsi que par Olga Jugelson-Wormser, qui dirige alors une collection aux éditions Corréa, lesquelles vont bientôt se fondre avec les éditions Buchet-Chastel. Enfin, il y a sans aucun doute l'engagement de Morin dans le Parti qui finit par avoir raison de ses velléités fictionnelles, vraisemblablement pas bien vues par ses camarades qui ne doivent pas goûter la volonté d'indépendance qui trouve à s'exprimer ainsi... Pourtant, à travers ces tentatives romanesques vouées à l'échec éditorial, c'est une vision du monde qui se construit et une véritable pensée de ce monde qui s'élabore. En réalité, sous Albert Mercier perçait déjà Edgar Morin.

je me retourne et ne vois que des lambeaux
perdus dans une nuit qui s'épaissit. Parfois je m'acharne
après un souvenir qui n'est qu'un rêve, rêvé la nuit
même où il y a bien longtemps, je ne le sais - cette
promenade en vélo, le long des berges de la Seine,
dans un crépuscule tranquille, -cette étape dans un resta
rant chinois - maison au milieu de gazon et d'arbres,
illuminée près du fleuve, -je me vois garant mon vélo, sous
les arbres, sur le gravier, parmi des voitures
, puis, dans une grande salle au plafond boi
sé, vitrée de toutes parts, environnée du feuillage et de
la présence nocturne de l'eau, seul à une table blanche en
train de manger un riz mêlé de sauce épaisse....

J'ai recherché à plusieurs reprises, en suivant du
doigt le tracé de la Seine sur le plan de Paris, l'emplacement de ce restaurant, oubliant que j'avais déjà cherché en vain, jusqu'à être contraint de me rendre à
l'évidence que rien de ma promenade et de mon étape crépusculaires n'avait existé. Et pourtant...je n'en sentais
qu'avec plus de violence l'odeur du feuillage, le gout du
riz, la présence de l'eau linéaire sous mes yeux se
rétrécissait, d'un coup, et je me retrouvais ne sa
chant que faire d'une vérité absurdement
appauvrie, ne sachant non plus rejeter son mensonge d'un
vigoureux coup d'épaule, sentant obscurément que vérité du
plan et mensonge du rêve participaient peut-être tous deux
à un plus grand et triste mensonge qu'il valait mieux ne

L'année a perdu son printemps, tapuscrit annoté par l'auteur.
Fonds Edgar Morin - IMEC © Edgar Morin

EDGAR **MORIN**

L'année a perdu
son printemps

(Prologue)

Je me retourne et ne vois que des lambeaux perdus dans une nuit qui s'épaissit. Parfois je m'acharne après un souvenir qui n'est qu'un rêve rêvé la nuit même ou il y a bien longtemps. Je ne le sais. Je pense à cette promenade en vélo, le long des berges de la Seine, dans un crépuscule tranquille, cette étape dans un restaurant chinois – maison de bois illuminée près du fleuve au milieu de gazon et d'arbres ; je me vois garant mon vélo, sous les arbres, sur le gravier, parmi des voitures trop riches, puis, dans une grande salle au plafond boisé, vitrée de toutes parts, environnée du feuillage et de la présence nocturne de l'eau, je suis seul à une table blanche en train de manger un riz mêlé de sauce épaisse...

J'ai recherché à plusieurs reprises, en suivant du doigt le tracé de la Seine sur le plan de Paris, l'emplacement de ce restaurant, à chaque coup oubliant que j'avais déjà cherché en vain, jusqu'à être contraint de me rendre à l'évidence que rien de ma promenade et de mon étape crépusculaires n'avait existé. Et pourtant... Je n'en sentais qu'avec plus de violence l'odeur du feuillage, le goût du riz, la présence de l'eau.

L'année a perdu son printemps, manuscrit.
Fonds Edgar Morin - IMEC © Edgar Morin

Le Paris, graphique qui s'étalait sous mes yeux, rétrécissait d'un coup mon expérience, et je me retrouvais ne sachant que faire d'une vérité aussi absurdement appauvrie, ne sachant non plus rejeter mon mensonge d'un vigoureux coup d'épaule, sentant obscurément que vérité du plan et mensonge du rêve participaient peut-être tous deux à un plus grand, informulé et triste mensonge qu'il valait mieux ne pas encore chercher à éclaircir...

Parfois, c'est le passé qui ne parvient pas à faire sa trouée à travers l'épaisseur du temps anéanti : seul m'arrive un appel égaré, indéchiffrable, comme ces éclaireurs qui traversent les lignes ennemies et expirent épuisés avant de pouvoir faire leur rapport. Ainsi, l'autre jour, une odeur m'appela violemment et me fit me retourner, alors que traversant hâtivement le passage du Panorama, j'approchai du Boulevard. Je respirai : l'odeur revint atténuée, la nappe de parfum mêlé d'eau thermale se dispersait – je respirai encore et ne sus si cette fois j'avais respiré l'odeur ou son fantôme. Je respirai plusieurs fois à nouveau, mais je ne trouvai plus que la fade odeur de poussière du passage mêlée à un léger relent de graillons qui arrivait d'un restaurant voisin. Et pourtant, c'était bien de ces signes mystérieux et heureux qui, selon Proust, vous remettent dans les mains l'écheveau du temps perdu... L'enfance m'avait frappé derrière l'épaule, elle avait été là un instant avec cette nappe de vague parfum et s'était décomposée avec elle, sans réussir à faire monter le souvenir du puits de la mémoire, sans pouvoir s'ordonner en images et enchaîner des représentations abolies, sans même arriver à me balbutier quelques mots anciens. Des gens passaient, comme pour m'empêcher d'agiter les bras et de chercher en tâtonnant, à travers l'air jaunâtre du passage...

Peut-être était-il possible de repérer d'où venait l'appel ? Je me mis à faire tourner la vieille bobine de la mémoire, qui ramène pêle-mêle à la conscience étiquettes-souvenirs

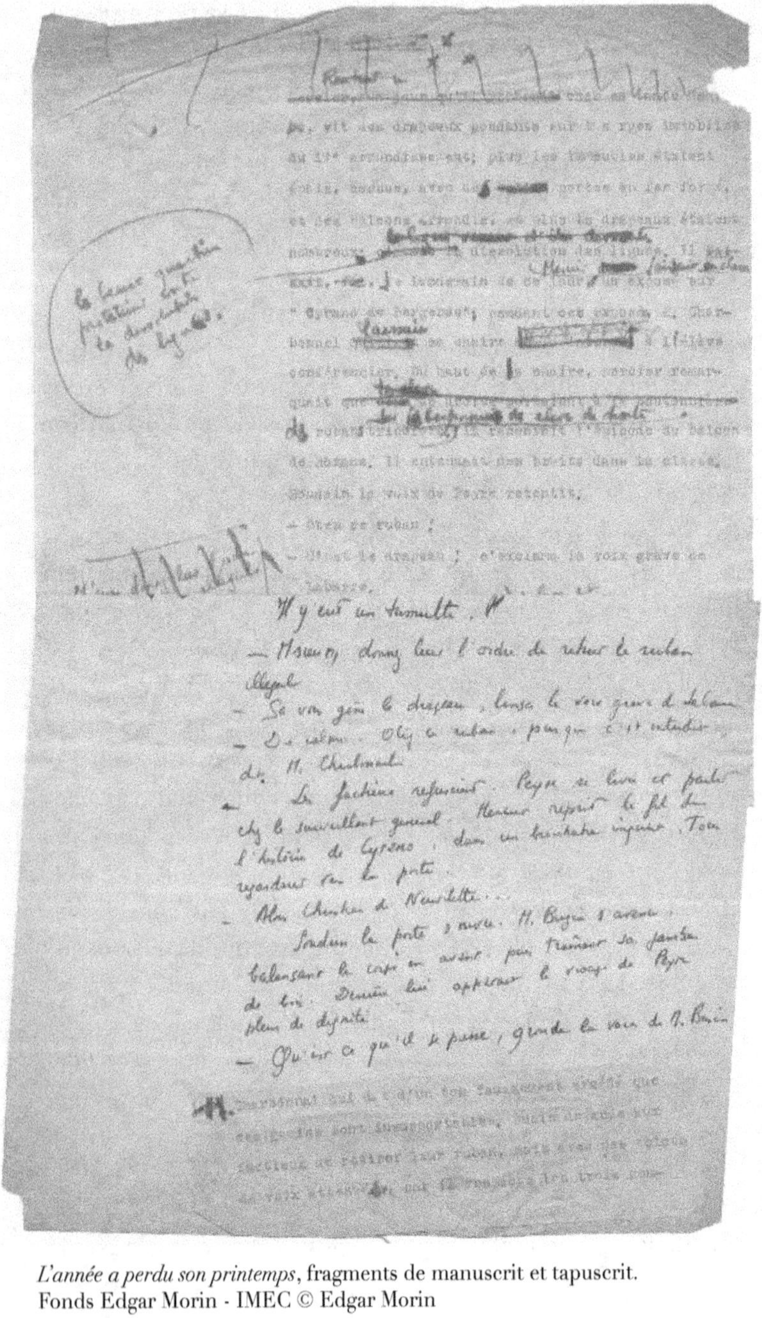

L'année a perdu son printemps, fragments de manuscrit et tapuscrit.
Fonds Edgar Morin - IMEC © Edgar Morin

et cartes-postales représentations... Rue Sorbier : pièces embouteillées de meubles et inondées de soleil... Rue Mayran : petite chambre obscure où, accroupi, je joue tout seul avec des billes... Rueil : la grande villa carrée qui écrase ses voisines.... Ste Maxime : mon père qui plante triomphalement ses pieds dans la vague tandis que je répare les brèches de mon fort de sable... Aix-les-Bains... Aix-les-Bains ?... Je me mets à suivre ce garçonnet bien peigné, bien lavé, bien content, qui sort des albums photographiques et court de-ci de-là, autour du centre de gravité de toute vie, la jupe de maman, sur cette place centrale où ma mémoire tasse les uns contre les autres le marché aux Fleurs, la station de fiacres, le kiosque de la source thermale, La Potinière où l'on sert des cafés liégeois... Je crois, je crois que je suis sur la piste, que l'odeur va sortir de par là, d'un coin de je ne sais où... Je cherche... Mais elle est introuvable, morte : je me demande, égaré dans cet Aix-les-Bains qui surimpressionne le passage du Panorama et qui s'évanouit lentement, si elle n'a pas été une illusion, dans ma rêverie de piéton. Mais cette rêverie elle-même, sur l'irruption de l'odeur, s'est évanouie ; le fil en a été brisé, comme on dit, mais je ne peux même pas me pencher et retrouver le fil, je ne peux plus le remonter, à travers le passage du Panorama, jusqu'à ce bistro de la rue Cadet d'où je suis parti : il n'y a plus de fil ; je suis parti d'un bistro de la rue Cadet et je me retrouve près de la sortie du passage du Panorama, mais entre ces deux points fixes, le néant s'est refermé ; il n'y a que l'impression violente de m'être retourné, à l'appel d'une odeur peut-être rêvée que je ne saurai jamais plus imaginer, dont je ne puis retrouver même l'ombre du souvenir olfactif : cette violence au cœur qui me tint immobile dans l'effondrement du passé immédiat, devant le néant de ce passé d'enfance vers lequel j'ai lancé des filets qui n'ont ramené à travers un ruissellement vain que des bribes mortes. Cette violence au cœur est la seule chose qui reste, et pour combien de temps ?

Elle s'enfoncera, elle aussi, dans le puits de la mémoire, jusqu'à ces profondeurs où l'on ne sait si elle y sera enterrée à ne plus pouvoir en sortir, ou si elle s'y décomposera à son tour, de la décomposition universelle... Des gens passent, encore en dehors de mes souvenirs, dans leurs souvenirs, hors de moi, hors d'eux-mêmes.

La mort est déjà installée, comme une araignée tranquille au plus central de soi, la « mort suit », comme dans la chanson de Maguy, gomme inlassablement derrière la ligne qui s'avance, jusqu'au jour où elle rattrapera la pluie retombée. Des gens passent, se troublent-ils lorsqu'ils ouvrent leur « armoire aux souvenirs » ? Je regarde encore le passage du Panorama, parcouru dans un songe, traversé somnambule, perdu dans un revenir volatilisé, regardé enfin lucidement, vide et gris, salement éclairé par sa verrière poussiéreuse, ici avait éclaté l'appel, bouleversant comme le la-mi de la neuvième, ici mon enfance m'avait frôlé l'épaule l'instant d'un éclair, sans que je puisse la voir, l'appréhender dans la grisaille... sans que je sache si elle m'avait frôlé. Je ne retrouverais rien, je le savais, et pourtant j'avais envie de rebrousser chemin, en brassant l'air comme un aveugle. Mais les gens... Et puis mon rendez-vous ! (Je ne sais plus lequel, aujourd'hui, oublié lui aussi.) Heureusement qu'il y a des rendez-vous pour vous ramener les épaules dans le bon sens, le sens du en-avant, dans quelques minutes, du pour-demain, dans le sens du boulevard qui gesticule dans la lumière et la couleur.

Fonds Edgar Morin - IMEC © Edgar Morin

Ce texte en forme de prologue de *L'année a perdu son printemps* est repris d'une dactylographie comprenant plusieurs annotations manuscrites de l'auteur, lesquelles n'ont pas été reprises ici (NDLR).

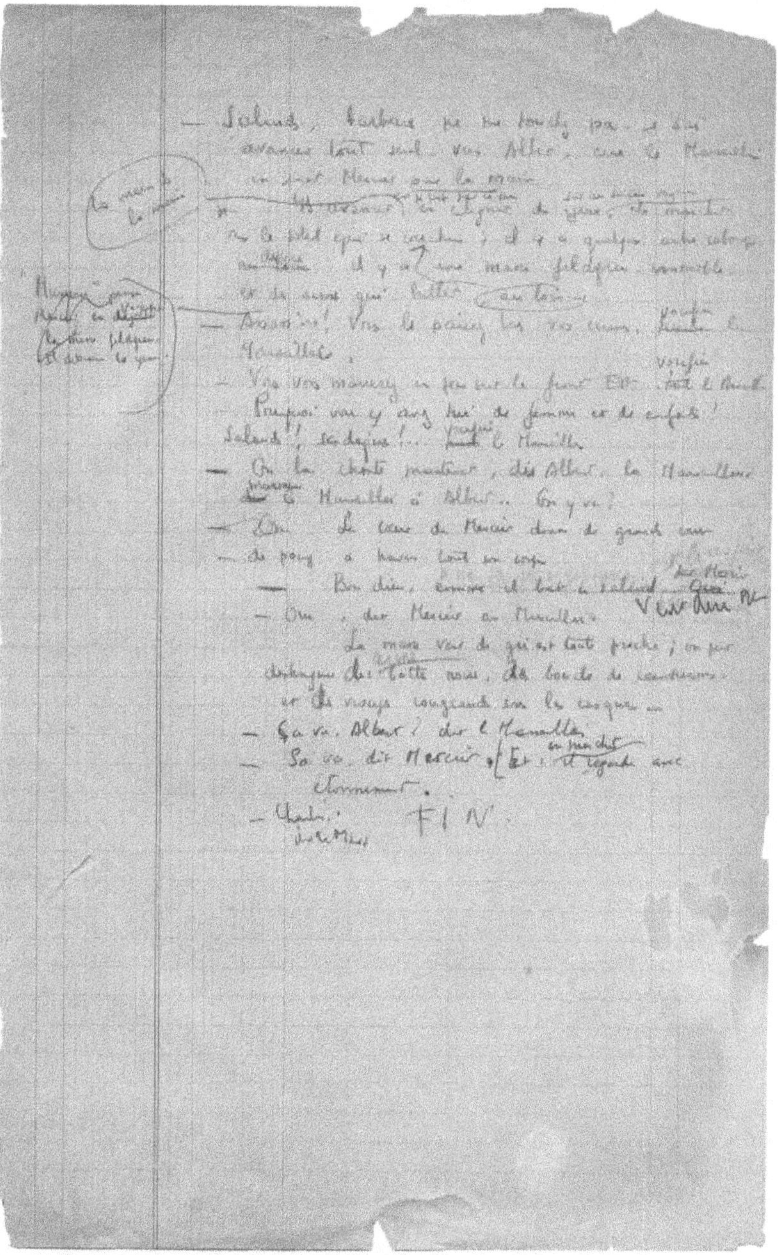

L'année a perdu son printemps, manuscrit.
Fonds Edgar Morin - IMEC © Edgar Morin

DONATIEN **GRAU**

La beauté jusqu'à l'écœurement

ongtemps, la beauté a régné dans le monde de l'art. Beauté et laideur s'étaient partagé le domaine de la création. La première dominait, tandis que l'autre, par moments, faisait irruption comme pour perturber un idéal qui ne pouvait exister véritablement qu'à partir de l'instant où il se trouvait remis en cause. Les peintres et les sculpteurs crurent à cet idéal. Ils en firent souvent leur religion. À défaut de croire en l'art pour l'art, ils suivirent les lois de la beauté pour la beauté. Raphaël, Jules Romains, Parmesan, Bronzino, un certain Annibal Carrache, Sassoferrato, Maratta, parmi tant d'autres maîtres, s'en firent les disciples.

Puis vint le moment où, comme l'on dit, l'art devint l'Art. Il devint à lui-même sa propre religion, et l'artiste fut simultanément le dieu adoré et le desservant de son propre culte. La beauté n'eut plus de nécessité, à l'exception de ses secondes de convulsion, où elle s'unissait sauvagement au sublime.

En dehors de ces instants où elle devenait véritablement elle-même pour s'être unie à l'être chéri, elle était seule, abandonnée, loin du monde. Elle avait besoin qu'une autre instance la prît sous son aile. Ce fut la mode.

La mode, voyant que la beauté se sentait délaissée, s'occupa d'elle. Elle lui apporta le soutien dont celle-ci manquait terriblement et lui permit de communiquer avec ceux qui, dans le monde, l'attendaient toujours et se préoccupaient résolument des anciennes images qui en dépeignaient l'allure. C'est ainsi que la mode construisit son empire. Elle y réussit en devenant la dévote officielle de la beauté. Elle prit à l'art les instruments de la religion qu'il servait jadis, par lui jetés en désordre au milieu d'un désert, et commença à réinventer les rites ancestraux. La beauté lui en sut gré et lui permit de faire de l'aspiration des foules à la beauté la source d'un profit sans limite.

La mode devint alors un refuge. Les amoureux de la beauté, quand ils s'étaient tournés vers l'Art, déclarant : « Nous aimons la beauté, nous voulons vous servir », avaient essuyé une brutale déconvenue et avaient été renvoyés à leurs chères affaires, désormais dépassées. L'air un peu penaud, se demandant s'ils étaient des monstres d'aimer encore l'harmonie dans les formes, ils se rendirent donc auprès de la mode, en murmurant d'une voix à peine audible : « Nous aimons la beauté ; on nous a dit qu'elle se cachait auprès de vous... »

La mode leur répondit : « Mais elle ne se cache pas du tout ! Regardez, elle triomphe ! » Et de leur montrer, en effet, la beauté montée sur un quadrige d'éléphants et avançant par les avenues, suivie par un cortège de léopards. Les amoureux de la beauté furent rassurés de la voir en si bonne position ; et après quelques minutes d'hésitation, ils osèrent demander à la mode : « Pouvons-nous la servir ? » Elle leur répondit : « Bien sûr ! Tout le monde aime la beauté ; si vous êtes doués, il y aura du travail pour tout le monde. »

Parmi les amoureux de la beauté, certains continuèrent à la vénérer tendrement, ne la regardant qu'à peine elle-même, car ils l'avaient une fois vue, créant des images, reflets souvent pâles de ce qui leur avait été donné de contempler. D'autres, une infime minorité, se souvinrent de ce que leur avait jadis dit l'art, quand il les avait éconduits : « Regardez la beauté en face, regardez-la et vous aurez tout compris. » Ces mots résonnaient encore à leurs oreilles et ils en conclurent qu'au fond, ils n'avaient jamais véritablement détaillé les traits du visage, le grain de la peau, la géométrie des formes de la beauté. Ils ne l'avaient pas regardée en face. Pas vraiment.

À partir du moment où ils aboutirent à ce constat, l'obsession de voir la beauté les posséda, de la voir vraiment, non pas telle que la mode la leur avait présentée, en gloire et montée sur un quadrige sacré, mais telle qu'elle était dans la vraie vie, sans ses atours de victoire.

Ils ne vécurent plus que pour atteindre ce but. Ils aimaient tellement la beauté qu'ils souhaitaient la voir nue, délivrée de toute décoration, en elle-même, véritablement, enfin.

La mode se rendit compte que ses plus brillants sujets paraissaient de plus en plus perturbés. Elle en fut gênée. L'affaire la poignit tant qu'elle dut la porter devant la beauté, alors qu'elle s'était bien promis de la laisser tranquille – on ne sait jamais ce que peut faire une vieille idole.

La beauté lui dit : « Laisse-les venir à moi un matin, lorsque le soleil se lève et que je m'éveille. »

Et ainsi fit la mode.

Un matin, donc, deux amoureux de la beauté furent choisis par la mode. Elle savait qu'ils ne lui avaient été acquis qu'en raison de leur amour pour la beauté et que, si elle voulait les garder auprès d'elle, elle devait aussi les laisser partir. Elle voyait également sur leurs visages le désir dévorant de servir vraiment la beauté, telle qu'en elle-même, et non plus ce qu'ils pensaient de plus en plus en être l'illusion.

Ils montèrent, à l'aube, jusqu'au temple où vivait la beauté. Ils la virent s'éveiller, nue, au milieu des fleurs. Ils virent sa vulgarité et son extrême noblesse, son insensibilité et les émotions qui traversaient son visage tandis que le jour débutait. Ils découvrirent les fleurs en éclosion au fur et à mesure que progressait la vêture de la beauté. Ce fut trop, et ce fut tout. Ce fut fini : d'un geste, la beauté les renvoya parmi les hommes.

La mode avait bien compris ce qui devait être fait. Ils continuèrent à la servir, avec, sertie au cœur, la nécessité de rendre visible l'excès de la beauté. Ils comprenaient qu'en agençant les images de beauté qu'ils ne cessaient de construire, ils rendraient enfin compte de la crise qu'elle traversait à nouveau, en même temps qu'ils en glorifieraient la splendeur. Comme ils avaient souffert de ne pas voir la beauté, la peine commençait à s'emparer d'eux de ne pas pouvoir transmettre le secret qui leur avait été confié.

Un jour, une femme leur dit que dans leurs images se cachait la mélancolie secrète de la beauté perdue. Elle leur offrait de la révéler, à Paris, rue de Ponthieu, dans une exposition qui porterait leurs noms : Inez et Vinoodh, et qui leur permettrait enfin de témoigner de leur amour de la beauté, jusqu'au bout, jusqu'à l'écœurement de la contemplation.

Eduardo Kac, fondateur du bio-art
(entretien avec Paul Tommasi)

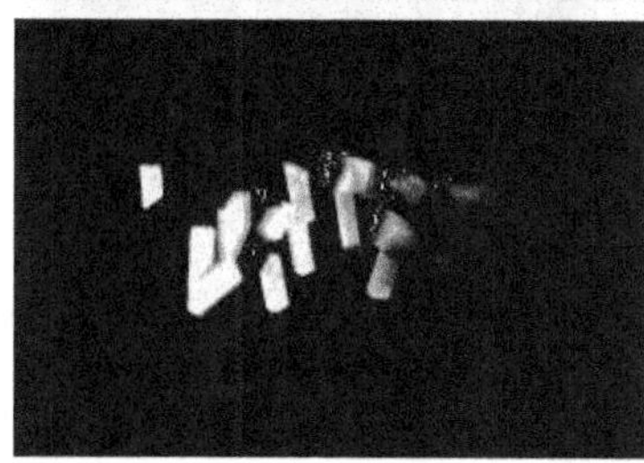

Eduardo Kac, *Souvenir D'Andromède*, 1990, 30 x 40 cm, holopoème, edition 3. Collection Frédéric Acquaviva, Berlin.
Souvenir D'Andromède est composé d'un seul mot, qui est aussi perçu comme un arrangement de formes abstraites dépendant du point de vue du spectateur.

Eduardo Kac est un artiste contemporain américain. Né à Rio de Janeiro en 1962, il fut, dans les années 80, l'un des premiers à s'intéresser à l'art des télécommunications. Il est depuis devenu célèbre en tant que pionnier du bio-art et créateur d' « œuvres transgéniques » comme Alba, la lapine fluorescente qui a popularisé le mouvement. Ses œuvres lui ont notamment permis de remporter le Prix de l'excellence Leonardo (1998), le prix de la Biennale Inter Communication Center (1999) et le Golden Nica Award (2009). Certains de ses livres ont été publiés en français, notamment Histoire naturelle de l'énigme et autres travaux *(2009, éditions Al Dante) ou encore* Life extreme : Guide illustré de nouvelles formes de vie *(2007, éditions Dis voir), et l'on peut trouver ses œuvres au MoMA à New York, au Victoria & Albert Museum à Londres, et dans de nombreux autres musées à travers le monde.*

Eduardo Kac, *GFP Bunny*, 2000, œuvre transgénique.
Connu sous le nom d'Alba depuis sa naissance en février 2000, le lapin porte de la protéine GFP (protéine verte fluorescente), qu'on trouve dans la méduse du nord-ouest du Pacifique.

PAUL TOMMASI : Quelle définition donneriez-vous du bio-art, mouvement dont vous êtes sans doute le principal instigateur ?

EDUARDO KAC : Le bio-art est une nouvelle forme d'art qui se concentre soit sur la création de nouveaux êtres – ce qui est mon cas –, soit sur la création d'œuvres avec les nouvelles biotechnologies ou avec les biotechnologies anciennes, avec l'utilisation de plantes, par exemple. Mais il y a toujours, et c'est ce qui est au cœur du bio-art, du « vrai ». On n'est pas dans le conceptuel ou dans l'hypothétique. Le bio-art crée des êtres vivants ou manipule la vie pour créer des œuvres qui sont elles-mêmes vivantes, c'est-à-dire, soit de nouveaux êtres, soit une manipulation de la vie en tant que création artistique.

Le bio-art fait parfois aussi une utilisation subversive des biotechnologies, qui ne passe pas nécessairement par le vivant. Par exemple, à moins d'être à l'intérieur d'un corps et intégré à ce réseau, un gène n'est pas vivant – si l'on ne fait qu'injecter ce gène, il restera inerte. Il est donc aussi possible de travailler avec des éléments de la biologie moléculaire.

P. T. : Ce qui distingue le bio-art de l'art contemporain en général, c'est donc le matériau ?

E. K. : Le sujet, c'est à chaque artiste de le déterminer. Il peut parler de l'amour, de la vie, de la mort, de la passion, de l'espoir… Les sujets humains sont toujours les mêmes. Mais la matière n'est pas simplement un jeu formel : la syntaxe de James Joyce en dit par exemple bien plus que le contenu de ses livres. Une vision poétique se matérialise en tant que vision du monde, un monde fluide où les éléments interagissent — et la poétique du bio-art réside dans cette façon de re-concevoir le vivant au XXIe siècle.

P. T. : Est-ce qu'on peut dire que le bio-art modifie le rapport de l'artiste à la science ? Y a-t-il création de nouvelles passerelles ?

Eduardo Kac, *Plantimal IV*, 2009, photographie, 42 x 42 cm, édition 3
(de la série *Histoire naturelle de l'énigme*). Collection Virgile Novarina, Paris.
La photographie représente la fleur transgénique créée par l'artiste et qui
porte l'ADN de Kac dans ses veines rouges.

E. K. : Le bio-art n'a rien à voir avec la science.

P. T. : Mais il lui emprunte beaucoup, non ?

E. K. : Pas du tout. Du moment qu'un artiste emploie un
moyen quelconque, que ce soit un crayon, une table ou une
bactérie, c'est un moyen de création. Tout simplement. Le
bio-art n'a pas, tout du moins dans ma pratique, un apport

particulier dans cette branche de la culture contemporaine que l'on appelle science. Des artistes ont saisi des moyens de production contemporains pour produire des œuvres qui ne pouvaient pas être produites avant. Il en va de même pour le *video art* : quel lien y a-t-il entre l'œuvre de Nam June Paik et l'ingénierie électrique ou électronique ? Le focus doit toujours être mis sur la poétique de l'œuvre.

P. T. : La limite ne devient-elle pas plus floue ? Concrètement, qu'est-ce qui permet de dire qu'Alba est un objet de recherche artistique plutôt que de recherche scientifique ?

E. K. : Je comprends la question, mais cela recouvre plusieurs sujets.

On sait bien que le mot science veut dire connaissance. Et curieusement, on emploie ce mot pour désigner ce que l'on ne connaît pas. Ce téléphone avec lequel vous enregistrez notre discussion, c'est de la science : la technologie qu'il y a derrière est monumentale. Mais on n'appelle pas ça « science », parce que c'est devenu connu. Comme la biologie moléculaire nous est moins familière, elle reste encore de la science.

On pense que le bio-art a rapport avec la biologie moléculaire parce qu'elle est moins connue, mais le jour viendra où tout cela sera très familier. À ce moment-là, personne ne pensera plus que le bio-art a rapport avec la science ; de la même façon qu'aujourd'hui, personne ne pense que l'art numérique a rapport avec l'ingénierie électronique. Un artiste prend son ordinateur, son écran, il fait son travail, il fait une programmation pour créer son œuvre, la montre dans un musée, celui-ci achète, et voilà : c'est devenu normal. Mais ça a pris cinquante ans.

Les gens ont longtemps comparé le *video art* à la télévision, de même qu'ils comparaient le cinéma au théâtre. Si vous regardez les premiers films, la caméra est en pied et les acteurs entrent et sortent de la scène comme si c'était une pièce de théâtre. Il est compréhensible de se référer à ce que l'on connaît lorsque quelque chose de vraiment nouveau survient. Mais dans vingt ou trente ans, cette fausse relation entre science et bio-art va disparaître. Les gens pourront regarder le bio-art pour ce qu'il est — c'est à dire, de l'art tout court — sans avoir besoin de faire cette comparaison.

Le bleu d'Yves Klein : est-ce que c'est de la recherche chimique industrielle ou de l'art ? Il n'y a pas confusion des genres entre recherche artistique et recherche scientifique. J'ai *collaboré* avec l'INRA, au sens étymologique du terme. Collaboration n'est pas co-création : il y a co-création lorsque l'on signe une œuvre ensemble. Au cinéma, il peut y avoir cent, peut-être trois cents personnes qui *collaborent*, mais le film reste une création d'Alain Resnais ou d'Orson Welles.

P. T. : À votre avis, à quoi est due la défiance du public ? Finalement, Alba a engendré plus de tollé que ne le font les expérimentations en laboratoire. Même les autorités s'inquiètent — je pense notamment aux déboires judiciaires de Steve Kurtz.

E. K. : Pour Steve, malheureusement, sa femme était morte durant la nuit. Il avait appelé le 911 et quand ils sont venus, ils ont vu des boîtes de Petri. C'était l'époque du bioterrorisme domestique aux USA, ils ont donc fait une enquête ; et à partir du moment où le FBI entre en scène, il y a procès.

En ce qui concerne Alba, cette méfiance a en bonne partie disparu. Le bio-art est dans les musées, fait l'objet d'expositions, de documentaires, de reportages, de guides, de livres de réflexion : il est maintenant intégré dans l'art contemporain.

Je pense que cette inquiétude venait d'un manque de compréhension du bio-art. Si je vous racontais que, dans les années 60, le public était extrêmement inquiet du fait que les artistes travaillent avec la télévision, vous auriez du mal à le croire, parce que c'est historiquement ridicule. Et pourtant...

Eduardo Kac, *Genesis*, 1999, œuvre transgénique, dimensions variables.
L'ADN Genesis conçu par Eduardo Kac est un gène synthétique produit
en traduisant en code morse une phrase tirée du livre de la Genèse, puis
en convertissant ce code en paires de bases d'ADN. Le gène a ensuite été
exprimé dans une bactérie E. coli. Par le truchement d'Internet (et d'une
station informatique dans la galerie), les visiteurs peuvent allumer une
lumière ultraviolette qui fait muter la bactérie et, conséquemment,
le texte.

P. T. : Peut-on dire que, pour vous, l'objet d'art ne doit être
qu'un support pour le regard ?

E. K. : Grâce au bio-art, j'ai créé une catégorie que j'ai appelée
le sujet d'art. On ne peut plus parler d'objets d'art : ils sont
vivants. Ils ont une vie à vivre par et pour eux-mêmes, qui n'a
aucun rapport avec l'œuvre. Ils sont nés dans le contexte de
l'œuvre mais cela ne les détermine pas.

P. T. : Qu'est-ce que vos *sujets d'art* deviennent donc, après
exposition ?

E. K. : Cela dépend. Par exemple, une souris a un cycle de vie
d'à peu près deux ans ; un lapin, de huit ans. Les bactéries
de *Genesis*, généralement, sont tuées après l'exposition. Les

plantes, cela varie — je peux les offrir, les rapporter chez moi...

P. T. : Pensez-vous que le bio-art devrait avoir des limites ? En avez-vous, personnellement ?

E. K. : L'art a toujours dépassé les limites. Je refuse d'appliquer une logique déontique à l'art.

P. T. : Je pensais surtout aux limites éthiques...

E. K. : Je pense que l'on ne doit pas créer un être de telle façon qu'il passe sa vie à souffrir. Mais la notion de souffrance est relative.

Si je vous dis que je vais créer un nouvel être, sans bras, sans jambes, avec une vision médiocre, qui aurait une étrange capacité à capter des ondes infrarouges avec son nez et qui, le pauvre, devrait glisser par terre, vous risquez de me regarder étrangement – alors qu'en fait, je vous décris un serpent.

La souffrance est relative ; on ne peut pas projeter l'anthropomorphisme sur toute vie. Même si nous avons le pouvoir, la force de faire des choses, cela ne nous donne pas le droit de tout faire. Mais je vous parle de ça à un niveau personnel : c'est une vision que je garde pour moi-même. C'est à chaque artiste de définir sa démarche, selon ses envies, sa vision, ses espoirs.

P. T. : Cherchez-vous à défendre une esthétique, une philosophie ?

E. K. : Je vois très clairement que mon œuvre a deux aspects complémentaires : un aspect poétique et un aspect philosophique. D'un côté, l'aspect philosophique s'engage à poser des questions, à comprendre le monde ; de l'autre, la poésie cherche à construire un nouveau monde.

P. T. : Il s'agit donc aussi d'apporter des réponses ?

E. K. : Je ne suis pas là pour donner aux gens des conseils ou leur dire ce qu'ils doivent faire de leur vie. Je pense que l'œuvre peut encourager le public à ne pas se laisser

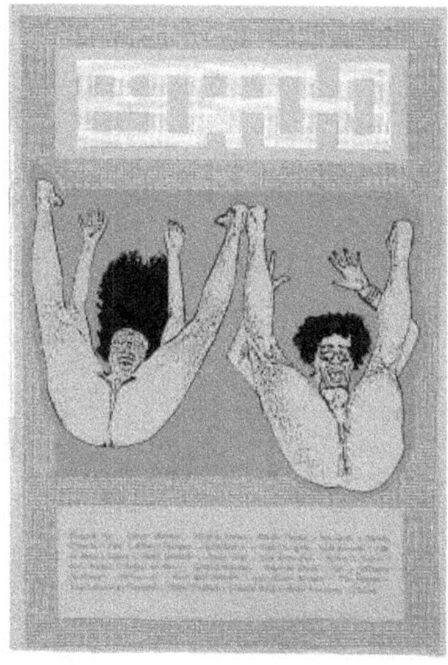

Eduardo Kac, *Escracho*, 1983, livre d'artiste en offset, 21,6 x 30,5 cm.
Collection Marcel Fleiss, Paris.

influencer par la vision standard, dominante. L'œuvre offre une vision alternative ; en ce sens, elle peut encourager le public à envisager d'autres possibilités et donc à former sa propre opinion. Mais il n'y a aucune dimension pédagogique là-dedans.

Je cherche avant tout à créer de la vie. Je m'intéresse profondément à la poétique matérielle, au fait de faire venir au monde de nouveaux êtres biologiques, que la nature n'a pas faits jusqu'à présent. À partir du moment où ces êtres existent matériellement, biologiquement, avec leur vie, leur biographie, mais aussi leur mort, le monde n'est effectivement plus le même : il y a un être imaginé par un artiste et qui est réellement, concrètement vivant. Le monde doit s'en accommoder et lui faire de la place. À partir de là, les relations entre les êtres se modifient. Cela change tout.

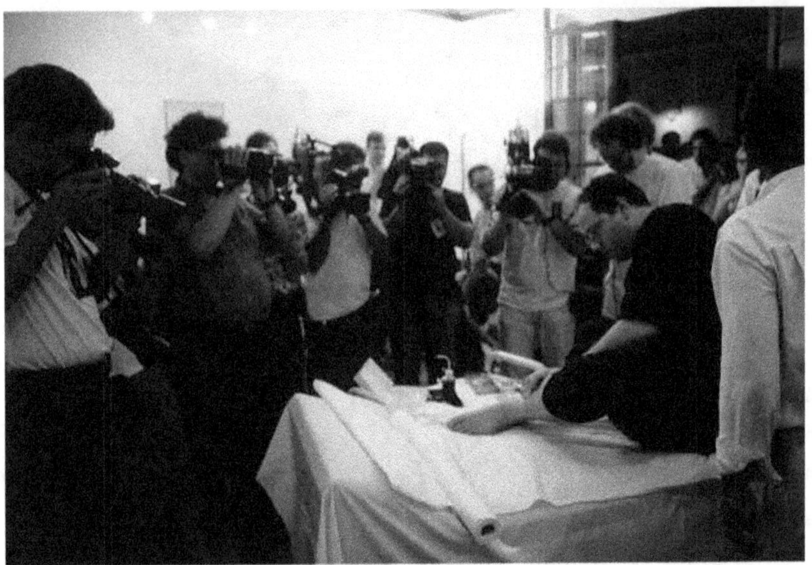

Eduardo Kac, *Time Capsule*, 1997, implant de micropuce, base de
données pour animaux, télévision, Internet, radiographie,
dimensions variables.
Collection Beep, Madrid. Photo : Carlos Fadon.
En 1997, en direct à la télévision et sur internet, en présence d'un
médecin et d'un auditoire, Kac implante dans sa cheville gauche une
micro-puce afin d'inscrire son corps et son identité dans une base de
données d'identification d'animaux qui sert à localiser
les animaux perdus.

P. T. : Qu'est-ce qui fait alors d'Alba une œuvre d'art, plutôt
qu'un nouvel individu ou un animal domestique un peu
particulier ?

E. K. : Si vous me permettez, je commence par votre
question : pourquoi la pose-t-on ? Parce qu'on ne reconnaît
pas nécessairement Alba comme une œuvre d'art. Or, pour
reconnaître, il faut absolument connaître une première fois.

Comme ce vocabulaire artistique est entièrement nouveau, comme je suis le premier artiste à créer un être vivant, il n'y a pas de références historiques. *La Girafe en feu* de Dali ou l'urinoir de Duchamp ne servent pas de références ; on parle là d'un être vraiment vivant. La création du vivant, qui porte une charge extra-biologique — Alba n'est pas là pour soigner le cancer : elle ne « sert à rien » —, qui se fait en tant que telle mais aussi en tant que création artistique et poétique, est vraiment nouvelle.

On ne peut pas situer l'œuvre dans un lieu concret. Il n'y a pas de barrières physiques. L'œuvre n'est pas exclusivement l'être : sa présence crée un rapport de relation, un rapport dialogique. Un objet, on peut l'ignorer ; il ne communique pas avec nous. Mais si un oiseau se pose près de vous, il est impossible de ne pas le regarder : vous savez qu'il est vivant, vous ressentez de l'empathie. Il y a quelque chose à l'intérieur de vous qui reconnaît quelque chose à l'intérieur de lui, et inversement. C'est un mystère que ni la science, ni la philosophie, ni la poésie ne sont capables de formuler par rapport au vivant. L'épiphanie est peut-être là.

P. T. : Concrètement, comment vous occupez-vous de la facette biologique de vos créations ?

E. K. : Chaque œuvre demande deux ou trois moyens, de différentes équipes... Par exemple, *Histoire naturelle de l'énigme* a demandé six années de travail ; *Le huitième jour*, lui, a pris deux ans de travail avec vingt personnes. À partir du moment où je sais ce que je veux faire — et cela peut prendre du temps —, je peux faire mon œuvre à l'envers. Mais tout commence par là.

Concrètement, j'envoie par e-mail ma séquence de gènes, je reçois un colis par FEDEX au bout de quelques jours, et je trouve un laboratoire pour l'intégrer. Pour faire mon travail, il me faut absolument un laboratoire à cinq millions de dollars. Les mouvements de DIY (*Do It Yourself*) en biologie sont très bien, mais le genre d'œuvres que je veux faire ne peut pas se faire dans mon garage. Un jour, bien sûr, mais pas pour l'instant.

P. T. : Vous avez commencé votre carrière par des performances à Rio de Janeiro, en 1980. Il est difficile de trouver des informations à ce sujet. En quoi consistaient-elles et pourquoi est-ce si confidentiel ?

E. K. : Il y a très peu d'informations car, et cela peut sembler difficile à comprendre, personne ne s'y est intéressé depuis trente — trente ! — ans. Récemment, cela a changé : le musée Reina Sofía de Madrid a exposé en octobre 2012 quelques-unes de mes œuvres de l'époque, créées dans le cadre du Mouvement d'Art Porno — un mouvement contestataire et novateur qui a détourné la pornographie conventionnelle pour inventer de nouvelles formes artistiques mais aussi pour faire de la résistance à la dictature militaire.

Ce n'était pas de la pornographie commerciale ni de l'érotisme. Je m'intéressais déjà, à cette époque, à la relation entre le corps et le langage. J'ai lancé le Mouvement d'Art Porno à Rio de Janeiro en 1980 ; j'avais 17 ans. Au-delà des performances, il y avait des œuvres photographiques, des dessins, des estampes, des livres d'artistes…

Aujourd'hui, beaucoup commencent à me poser des questions à ce sujet et cela se diffuse un peu plus. On peut, entre autres, consulter une page Wikipédia en anglais, sous "Porn Art Movement."

P. T. : L'action des spectateurs fait-elle partie de l'œuvre d'art ? Dans une œuvre de téléprésence comme *Ornitorrinco*, le rôle du spectateur est-il celui d'un co-créateur, d'un collaborateur, d'un outil ?

E. K. : Il y a toujours une tension entre les désirs d'un artiste, la matérialisation de son œuvre et l'apport du spectateur. La réception d'une œuvre n'est pas passive : elle apporte

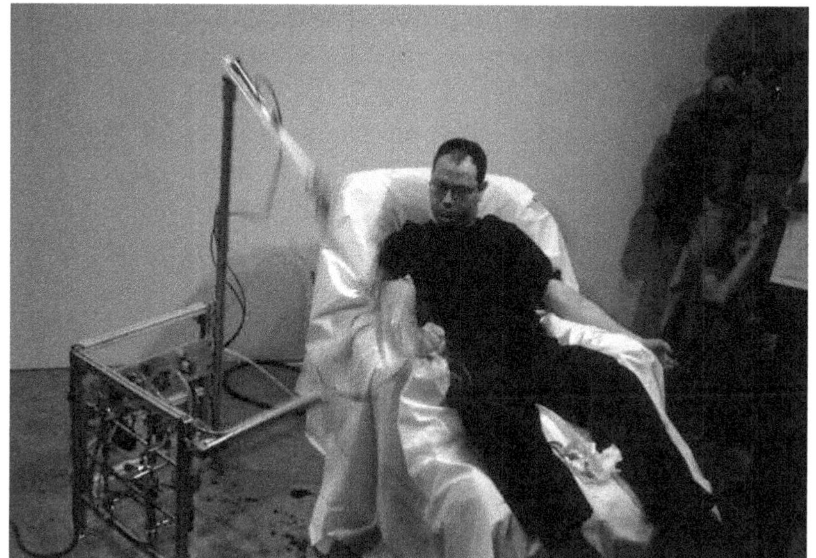

Eduardo Kac, *A-positive*, 1997, sang, biorobot, interface intraveineuse.
Photo : Carlos Fadon.
Une machine, le « biobot » créé par l'artiste, utilise les globules rouges
du sang humain pour fonctionner.

quelque chose. Cela est vrai pour toutes les œuvres mais c'est particulièrement marqué chez moi, qui me consacre à la poétique du réseau inter-espèces, du dialogue du vivant.

P. T. : Voyez-vous une constante dans les « choix du public » de vos différentes œuvres de téléprésence ?

E. K. : Je ne crois pas. *Ornitorrinco* est une série d'œuvres réalisées entre 1989 et 1996. Dans chacune de ces œuvres, il y a plusieurs façons de participer ; et il en va de même pour mes autres œuvres de téléprésence.

P. T. : D'ailleurs, pourquoi le nom d'*Ornitorrinco* ?

E. K. : L'ornithorynque est un animal très particulier, souvent vu comme un « hybride », dans le sens où c'est un mammifère qui pond des œufs — et c'est en effet un hybride du point de vue de l'évolution, mais pas au sens mythologique ou chimérique du terme.

Cette reconnaissance de l'hybridité m'intéresse ; pas comme un simple mélange à la marge de deux disciplines, mais comme une qualité fondamentale, qui apporte une richesse.

P. T. : Plus récemment, vous avez aussi créé le concept d'aromapoésie. Celle-ci peut-elle, à votre avis, offrir un discours philosophique structuré ?

E. K. : La création olfactive est très particulière ; il est encore difficile de savoir ce qu'elle peut apporter. J'essaye en tout cas de faire de véritables créations aromatiques : il ne s'agit pas de proposer un parfum, mais de créer une véritable œuvre d'art à découvrir avec le nez.

L'odorat est un sens que la civilisation a tendance à négliger parce qu'il le rapproche de l'animal, du sauvage. Pour l'homme, qui est un prédateur, le premier sens est la vue — et c'est pourquoi les arts visuels dominent la scène.

P. T. : De même, on parle finalement assez peu de vos holopoèmes. Est-ce que vous pensez que, concrètement, « Le dormeur du val » pourrait être plus intéressant, plus percutant, en trois dimensions ?

E. K. : Non, pas du tout. Traduire un poème de Rimbaud en holographie n'a aucun intérêt. La vraie question est l'invention d'une véritable syntaxe holopoétique, une nouvelle syntaxe qu'on ne peut pas créer autrement. D'ailleurs, la question fondamentale de l'holopoésie n'est pas la troisième dimension, mais le temps.

P. T. : N'y a-t-il pas une difficulté dans le fait que le public regarde vos holopoèmes comme on regarde une curiosité, et non comme une véritable forme alternative de littérature ?

E. K. : Ça dépend de quel public on parle. La vérité est que je mène deux vies parallèles. La plupart des gens connaissent

Alba, même s'ils ne savent pas toujours que j'en suis le créateur ; ceux qui en savent un peu plus connaissent aussi *Genesis*, *Move 36*… Mais j'ai une deuxième vie, consacrée à la poésie expérimentale.

J'ai écrit mon premier poème numérique en 1982. De 1982 à 1998, j'ai créé une quinzaine de poèmes numériques, y compris avec le Minitel. Entre 1983 et 1993, j'ai développé vingt-quatre holopoèmes. Plus récemment, j'ai écrit des manifestes de biopoésie et ai déjà réalisé quelques biopoèmes. Encore plus récemment, en 2011, j'ai exposé au centre d'art d'Enghien-les-Bains une œuvre d'aromapoésie, c'est-à-dire de poésie olfactive. Chaque poème est à lire avec le nez.

Dans l'univers littéraire, ce travail est bien connu. Mais comme il n'y a pas de croisement entre la littérature expérimentale et l'art contemporain, ce dernier univers ne connaît pas mon corpus poétique. Il faut souligner que la revue *Action poétique* a publié, en 2007, un recueil de ma poésie complète, intitulé *Hodibis Potax*.

P. T. : Qu'entendez-vous par littérature traditionnelle ? Est-ce simplement la littérature avec encre et papier ? Par exemple, est-ce qu'Apollinaire est de la littérature traditionnelle ?

E. K. : Joyce a fait une révolution avec de l'encre et du papier. Il est facile de reproduire des formes et des syntaxes classiques (disons, Hugo) sur un iPad. La question n'est pas le moyen, mais la syntaxe. Dans mon cas, j'ai voulu créer des syntaxes dynamiques, des formes fluides et des expériences interactives qui sont impossibles avec de l'encre et du papier. Donc, j'ai travaillé avec l'ordinateur, le réseau, l'holographie, la biologie moléculaire, la nanotechnologie. J'adore Apollinaire ; j'ai même un recueil de tous les calligrammes manuscrits d'Apollinaire. Alors, est-ce de la littérature traditionnelle ? Oui et non. Oui, parce qu'il fait partie de la tradition de la poésie visuelle qui remonte aux Grecs ; non, parce qu'il continue à nous parler, à nous interroger.

Eduardo Kac, *Le huitième jour*, 2001, œuvre transgénique, dimensions variables.

P. T. : Est-ce que vous voyez vos « écrits » comme une prolongation, voire un dépassement de ce qui peut se faire en poésie expérimentale aujourd'hui ? Ou explorez-vous un chemin entièrement différent ?

E. K. : J'ai compris très jeune — en 1982, j'avais vint ans — que la poésie d'avant-garde classique, traditionnelle, si l'on peut dire, appartenait à l'univers « gutenberguien » et qu'il y avait donc une nouvelle culture à proposer. J'étais à l'époque une voix complètement isolée : il y avait, autour de moi, le poids historique de ce passé. Mais j'ai continué. J'avais en moi l'intime conviction que cette culture allait émerger ; et je voulais participer activement à sa construction. Il fallait donc dépasser les moyens de création qui avaient servi la culture gutenberguienne et inventer de nouvelles syntaxes en travaillant avec les nouveaux moyens de communication pour, enfin, s'imposer comme un élément intrinsèque de cette nouvelle culture.

P. T. : Parlons maintenant de vos œuvres « bio-artistiques ». De toutes, *Time Capsule*, de 1997, est celle qui m'a le plus intrigué. On discute souvent de la possibilité de cyborgs, d'humains robotisés et parfois même d'animaux anthropomorphisés, mais on n'évoque que très peu l'humain animalisé : après tout, la culture est censée éloigner l'homme de l'animal.

E. K. : On sait aujourd'hui que dans notre génome, nous avons des séquences génétiques qui proviennent de bactéries et de virus : nous avons donc des composants non-humains intégrés dans chaque cellule de notre corps. Deuxièmement, il y a dans notre estomac une vaste communauté de bactéries, sans laquelle nous mourrions tout de suite – beaucoup de maladies sont d'ailleurs causées par un dérangement de cet équilibre gastro-intestinal. Enfin, nous avons en nous dix fois plus de cellules de bactéries que de cellules humaines : cent milliards de cellules bactériennes contre « seulement » une dizaine de milliards de cellules humaines. On sait aussi, aujourd'hui, qu'on trouve la conscience, l'éthique et la culture chez des non-humains. Les barrières ne sont pas aussi rigides qu'on le croit.

P. T. : Mais dans *Time Capsule*, c'est plutôt le regard d'autrui qui vous transforme en animal.

E. K. : Ce sont plusieurs choses à la fois. Je me suis implanté la micro-puce à moi-même. C'est une technologie créée pour les petits animaux, comme les chiens, les chats, les lapins. Je me suis enregistré dans la base de données comme humain et chien en même temps. Les internautes ont récupéré à distance le contenu de la micro-puce.

P. T. : Pourquoi avoir choisi une diffusion à la télévision ?

E. K. : C'était en même temps à la télévision et sur Internet. À la télévision, parce que les années 90 étaient le crépuscule de la télévision, années durant lesquelles elle était encore omniprésente. En 2006, j'ai arrêté, une bonne fois pour toutes, de regarder la télévision.

Je me suis implanté la micro-puce en direct à la télévision, mais aussi sur Internet — on pouvait également venir assister à l'implantation dans une galerie. D'ailleurs, il y avait un critique sur place, qui a finalement décidé de voir ça sur sa télévision. Il ne s'agit pas seulement de proposer l'œuvre en réseau, mais surtout de la construire en tant que réseau. *For me, network is not only a noun, but a verb.* On en revient un peu à votre question sur Alba : lorsque l'on parle de vie, on parle de réseau. Je ne vois pas un arbre de la vie vertical, avec l'humain en haut ; je vois une communauté de la vie ; c'est une vision horizontale, distribuée. C'est pourquoi je dis que le monde doit « faire de la place » pour Alba.

Time Capsule existait et existe de façon éphémère dans la galerie, à la télévision, sur Internet, mais aussi dans mon corps, car je vais mourir un jour – encore que : on pourrait venir lire la puce après ma mort. Le problème, c'est que ces puces sont

Eduardo Kac arrose Edunia.

à faible portée, puisqu'elles n'ont pas de batterie. Ce serait d'ailleurs une idée : développer un scan plus puissant pour venir me visiter après ma mort et lire la puce.

P. T. : Pour *Genesis*, quelle phrase de la Genèse avez-vous utilisée ?

E. K. : « *Let man have dominion over the fish of the sea, and over the fowl of the air, and over every living thing that moves upon the earth.* » (1:26) (Que l'homme domine sur les poissons de la mer, sur les oiseaux du ciel, sur le bétail, sur toute la terre et sur tous les êtres vivants sur terre.)

P. T. : Pourquoi ce verset ?

E. K. : C'est le moment où Dieu donne à l'homme le pouvoir de contrôler toute vie sur la terre. Sauf que dans *Genesis*, si le spectateur clique sur la souris, il change la phrase.

P. T. : Cette phrase, le spectateur peut — plus ou moins, nous allons en discuter — se l'approprier. Mais vous aussi, vous vous l'attribuez.

E. K. : Il y a les deux.

L'œuvre propose une situation et c'est au public de choisir. Il s'agit de cliquer sur une souris et de changer le mot de Dieu vivant dans la bactérie. Vous pouvez refuser de modifier l'être vivant, et alors vous participez à la permanence de cette phrase et donc à la notion de contrôle de l'homme sur toute forme de vie. Vous pouvez aussi ne pas être d'accord avec cette phrase, décider de la changer et donc transformer la bactérie.

P. T. : C'est extrêmement paradoxal.

E. K. : Je pense que c'est surtout une situation qui montre que les choix que l'on fait ont toujours un impact sur le monde et sur la vie.

P. T. : N'y a-t-il pas un autre paradoxe, dans le titre même de l'œuvre ? Après tout, l'homme n'est pas à l'origine de la Genèse. On retrouve d'ailleurs ce paradoxe dans l'œuvre en elle-même : la forme et les couleurs de la projection évoquent la terre ; en quelque sorte, vous nous permettez de participer à la Genèse.

E. K. : L'homme participe mais ne contrôle pas. Au moment où le spectateur décide de cliquer, la phrase se modifie ; mais il ne maîtrise pas la modification en tant que telle.

Genesis fait partie d'une trilogie qui inclut *GFP Bunny* et *Le huitième jour*. Dans ces trois œuvres, j'emploie la protéine de fluorescence. Je commence par l'être le plus petit — une bactérie unicellulaire — puis continue avec un mammifère — donc l'être le plus complexe — et finis par une écologie — avec poisson, bio-robot, amibes, souris, plantes… *Le huitième jour* présente, d'une façon critique et poétique, le jour à partir duquel l'homme commence sa propre aventure.

P. T. : Passons à Edunia. Vous parlez souvent des altérations de l'homme, de l'animal et du robot ; moins de celles des plantes.

E. K. : Edunia est un plantimal. Le pétunia que j'ai pris avant de le transformer était une plante, mais Edunia est un plantimal ; dans la nature, les plantes n'ont pas de caractéristiques animales — dans l'histoire de l'évolution, nous nous sommes très tôt séparés des plantes.

P. T. : Pour que la plante se rapproche du genre animal ou humain, il faut nécessairement une intervention humaine.

E. K. : C'est plus qu'une intervention : c'est une création.

P. T. : Dans ce cas, ces altérations ne sont-elles pas un symptôme de l'emprise de l'homme sur la nature ?

E. K. : Qu'est-ce que la nature ? C'est une question qui s'impose. Chez moi, il y a un couple de pigeons qui font leur nid, qui y bâtissent donc leur maison. On sait aujourd'hui — des études le montrent — que la culture existe chez les non-humains. Inversement, un immeuble de béton peut aujourd'hui être considéré comme notre nid, notre nature.

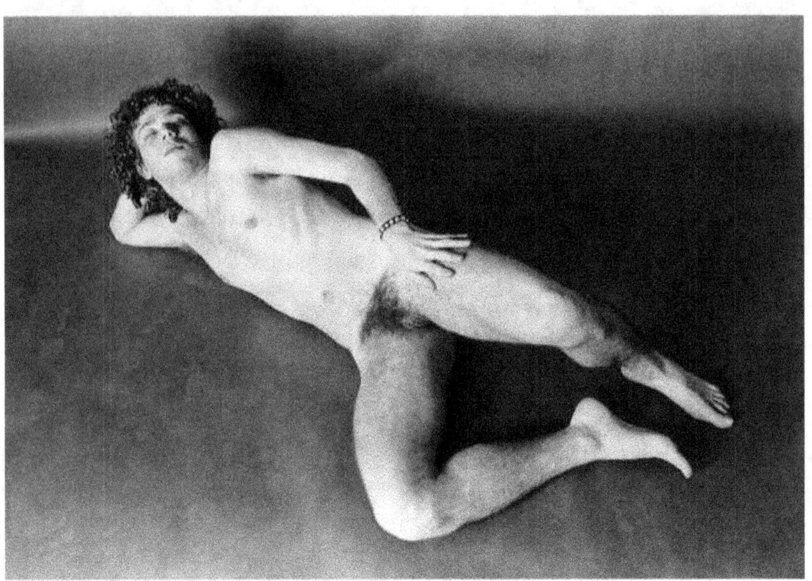

Eduardo Kac, *Pornogramme n°1*, 1980, 49 x 73 cm, édition 3.
Collection Mauro Herlitzka, Buenos Aires.

Pour moi, ce n'est pas tant une question de contrôle que de participation à notre environnement.

P. T. : Je ne vais vous poser qu'une seule question— la plus générale qui soit — sur Alba, œuvre qui est déjà assez connue du public : concrètement, comment l'idée vous est-elle venue ?

E. K. : En 1997, avec *Time Capsule*, j'ai créé le principe du bio-art, en me transformant en une personne différente de celle que je suis né. J'ai aussi dévoilé en 1997 une œuvre moins connue, *A-positive*, qui est en quelque sorte le contraire de *Time Capsule* : j'y insère le vivant au cœur du robot, toujours — et c'est très important — de façon active, c'est-à-dire en introduisant quelque chose qui intègre le fonctionnement de la machine.

En 1997, je réfléchissais donc à cette création poétique. J'ai cherché dans l'histoire de l'humanité une civilisation qui n'aurait pas créé d'êtres imaginaires ; je n'en ai pas trouvé. C'est très facile de faire quelque chose de virtuel, une image. Ce n'est pas l'idée d'Alba qui compte, mais sa réalisation : à partir du moment où Alba *est*, le monde n'est plus le même. Alba a franchi cette limite entre réel et imaginaire. Dans la nature, une méduse et un lapin ne peuvent pas se croiser ; mais, si elle n'est pas capable de le faire, la nature le permet : sinon, cela serait impossible.

P. T. : Concernant vos photographies parues à la une de journaux de l'époque, pouvez-vous préciser quel était votre objectif (je m'excuse pour le jeu de mots) ?

E. K. : Que font les journaux ? Je vais vous répondre : ils vendent des journaux. Leur travail n'est pas d'informer le public mais de vendre des journaux. J'ai travaillé dans deux quotidiens, donc je sais bien comment cela se passe. Ces journaux se sont emparés de mon travail pour accomplir leur mission, alors j'ai fait la même chose : j'ai utilisé leurs articles pour faire mon travail ; je commente ce qu'ils font.

Prenons l'exemple du *Washington Post*. Ils ont mis mon travail dans la rubrique Style, ce qui n'a strictement aucun sens ; surtout que je suis placé entre le débat de Bush et Gore et un film hollywoodien, et que le titre de l'article fait référence à un personnage de Sesame Street, c'est-à-dire une référence pop d'un programme pour enfants. Je m'approprie cela pour faire un portrait de la presse. Je choisis donc un salon de beauté — après tout, je suis bien dans la section Style — ; puisque l'on parle de notre rapport avec les animaux, j'opte pour une lectrice avec des manches en laine ; puisque l'on va penser qu'on change les autres et jamais nous-mêmes, je mets dans le décor une femme qui est en train de se faire coiffer et lit une revue sur la chevelure.

P. T. : Vos dessins « lapinographes » m'ont beaucoup étonné : après tout, un dessin ne crée pas de vie.

E. K. : Je ne trouve pas étonnant qu'un artiste fasse des dessins. Ces dessins datent de 2000. À l'époque, j'étais engagé dans une campagne pour la libération d'Alba — contrairement à notre accord, le laboratoire a censuré mon travail et conservé Alba —, une campagne de treize jours qui aura été très intense, avec conférences à la Sorbonne, interviews dans la presse écrite, à la télévision, affiches… Mais on peut apprécier les dessins en eux-mêmes, sans connaître le contexte.

P. T. : Concluons sur votre dessin intitulé *Carte routière* : c'est pour symboliser la fuite ?

E. K. : La presse s'emparait de mon histoire : Alba faisait la une du *Monde*, du *New York Times*, du *Washington Post*… J'ai ressenti le besoin d'un espace plus privé, plus lyrique de création graphique. J'ai essayé de rendre les lapins dans leur condition lapinomorphe, c'est-à-dire de respecter leur être en tant que tel. Mais il y en a d'autres, comme celui que vous avez mentionné, qui fait référence au lieu de naissance d'Alba. Le « tampon » de lapin précolombien est là pour illustrer la notion de découverte d'un nouveau monde, d'une nouvelle origine de la vie.

JEAN-PIERRE **BOULÉ**

Quelques réflexions sur Sartre et les hommes

On ne peut comprendre les relations que Sartre entretenait avec les hommes qu'en étudiant ses rapports avec les femmes, car c'est à elles qu'il a consacré toute son énergie relationnelle – c'est une autre histoire mais il importe d'avoir cela présent à l'esprit à la lecture des propos qui suivent, qui devront donc être replacés dans cette perspective. Mon étude sera loin d'être exhaustive, dans la mesure où, après un rapide tour d'horizon de l'enfance et de l'adolescence de Sartre, je me concentrerai sur certaines périodes de sa vie et évoquerai quelques figures marquantes dans le parcours de ses amitiés masculines. Un travail plus systématique resterait à effectuer, notamment sur l'absence de père chez Sartre et sur l'influence de son beau-père[1].

Avant d'exposer mes réflexions, je voudrais tout d'abord présenter ma grille de lecture théorique, articulée autour de trois schèmes : les espaces de la masculinité, le soi[2] et le narcissisme.

Les espaces de la masculinité

La masculinité – ou plutôt *les* masculinités – est une figure en constante évolution dans les structures sociales. Elle revêt différentes expressions, parmi lesquelles la masculinité « hégémonique », qui s'appuie en partie sur le pouvoir de la raison et le contrôle des émotions, a été identifiée par Connell comme le schème dominant, à côté de masculinités « subordonnées »[3]. Selon Seidler, la masculinité doit se définir en reniant les qualités dites féminines[4].

Sartre a investi une masculinité psychique au service de l'écriture : propension à l'écriture dans la perspective de la création d'un soi dominant dans l'espace de la masculinité.

(1)   Voir à ce propos Harvey, Robert, *Search for a Father : Sartre, Paternity and the Question of Ethics*, Ann Arbor, University of Michigan, 1991.

(2)   J'utilise le terme « soi » pour éviter le moi introspectif dans un contexte phénoménologique. Il respecte aussi mieux la différence entre la psychologie « métaempirique » de Freud et l'antipsychologisme de Husserl/Sartre (merci à Gérard Wormser de m'avoir éclairé sur cette question).

(3)   Voir Connell, Raewyn W., *Masculinities*, Cambridge, Polity Press, 1995, p. 144, et Connell, R. W., et al., *Men's Health : A Research Agenda and Background Report*, Canberra, Commonwealth Department of Health and Age Care,1998, p. 60.

(4)   Voir Seidler, Victor, « Reason, Desire and Male Sexuality », *in* : Caplan, Pat (éd.), *The Cultural Construction of Sexuality*, London, Routledge,1991, p. 82-112 – ici : p. 98-99.

Le soi ou plutôt *les* soi

Selon la théorie poststructuraliste, chacun d'entre nous renferme une pluralité de soi, tous contingents. Je me réfère plus particulièrement à deux notions : un soi qui est un compromis et un soi pluriel. Pour le premier, autrui ne me reconnaît que dans la mesure où je joue un rôle précis et je dois me plier à ce rôle, aux dépens d'autres possibilités ou d'autres versions du soi. Ainsi, dans le cas du jeune Sartre, celui-ci joue à l'enfant prodige pour être reconnu par sa mère et son grand-père, et ce faisant, il réduit sa pluralité à un soi lisant puis écrivant. Ce soi sera lié aux espaces de la masculinité car ce sera également son moyen de séduire les jeunes filles, et aussi d'oublier cet autre soi qu'est son corps chétif en s'inventant un corps imaginaire : celui de Pardaillan. Sa blessure narcissique, son visage de crapaud, seront refoulés ; il vivra dans l'imaginaire et dans les livres. Ses propres livres seront le miroir de sa laideur – « On devine, à travers ces textes, la souffrance du jeune Sartre »[5], fait remarquer Bernard-Henri Lévy, s'inscrivant en faux contre l'accusation de spiritualisme chez Sartre[6]. Citant les propos de celui-ci sur Flaubert : « C'est ainsi que j'aurais voulu écrire une biographie, celle de Flaubert, mettant ses livres au-dessus, comme le résumé de tout le corps... », il nous rappelle que l'imagination est aussi une émotion et que les textes de Sartre sur le Tintoret, sur Venise et même sur la Chine montrent une générosité de cœur et non pas de tête, comme le disait Jean Cau[7].

(5)   Lévy, Bernard-Henri, *Le Siècle de Sartre*, Paris, Grasset, 2000, p. 345.

(6)   Voir *ibid.*, p. 224.

(7)   Voir *Obliques*, numéro spécial (n° 18-19, 1979) : *Sartre*, entretien « L'écriture et la publication », Jean-Paul Sartre & Michel Sicard, p. 11. Voir Lévy, B.-H., *Le Siècle de Sartre*, *op. cit.*, p. 448.

Sartre, se faisant violence, a choisi la raison aux dépens de la sensibilité. Un soi pluriel serait un soi qui inclut d'autres identités/subjectivités, comme des soi exclus ou subordonnés. Dans le cas de Sartre, une des dimensions exclues, à partir d'un certain âge, est son côté féminin : en 1926, il écrit à Simone Jollivet qu'il a maté son caractère en se donnant de la volonté et en refoulant en lui son sentimentalisme, dont il avait une honte profonde[8]. Ainsi, en quelque sorte, ce soi-compromis résulte de l'inhibition de l'expression d'un soi plus riche et hétérogène.

Le narcissisme

Je n'emploie pas le terme « narcissique » au sens d'une admiration exclusive de soi-même. Au contraire, ma définition rejoint celle du soi qui est un compromis : le narcissique est quelqu'un qui, face à des blessures anciennes, a refoulé l'expression de certaines facettes du soi et les a remplacées par un sens de son soi compensatoire, afin que son environnement proche (dans le cas de Sartre : sa mère et son grand-père) soit satisfait de l'image qu'il lui renvoie. C'est Poulou jouant à devenir un génie précoce pour satisfaire sa mère et son grand-père, au lieu d'exprimer toute la complexité de ses désirs ; Poulou agissant pour les autres et non pour lui-même, s'amputant d'autres facettes de son soi.

Le narcissisme s'apparente souvent à un ego surdimensionné, construction du soi (mais souvent imposée de l'extérieur) dans une narration héroïque, qui témoigne d'un investissement disproportionné dans un seul aspect du soi. Dans un passage des *Mots*, le narrateur explique ce phénomène, évoquant une scène où, seul dans une pièce, il était en train de lire : « Vu, je

(8)   Voir Sartre, Jean-Paul, *Lettres au Castor et à quelques autres*, *, 1926-1939, Paris, Gallimard, 1983, p. 10.

me voyais : je me voyais lire [...]. »[9] Même seul, il imaginait le regard des adultes et jouait la comédie – ce qui implique aussi que lorsqu'il n'est pas vu par les autres, il devient invisible à lui-même. Et que voit-on ? Son ego surdimensionné – l'enfant prodige qui prétend lire *Les Tribulations d'un Chinois en Chine* alors qu'il ne connaît pas l'alphabet.

Chez Sartre adulte, l'ego surdimensionné se manifestera par l'omnipotence intellectuelle (« Je veux être l'homme qui sait le plus de choses », confiera-t-il à Lagache[10]) et la boulimie d'écriture, « son œuvre délibérément volumineuse [...] graphomanie que mimait le Poulou des *Mots* » et qui, selon Bernard-Henri Lévy, est devenue sa « maladie ». « Le monstre, encore », voire « une drogue. Une auto-intoxication permanente »[11]. Mais cette dimension vient compenser un grand vide (un néant, pour reprendre le vocabulaire sartrien), une perte du soi et des sentiments liés à l'humiliation, la honte et l'auto-dévalorisation ; et l'ego surdimensionné oscille souvent entre ces deux extrêmes.

C'est ici que se rejoignent les trois approches théoriques que j'ai évoquées : espaces de la masculinité, soi et narcissisme. J'attache une importance symbolique à l'épisode de la coupe de cheveux de Poulou, à l'âge de sept ans[12], « la leçon métaphysique que dut être cette épreuve première de laideur »[13]. C'est à partir de ce moment-là que, progressivement, Poulou va se sentir obligé de choisir entre son côté masculin et son côté féminin, et qu'il va se fragmenter en se détachant de son côté féminin : la raison commence à

(9)   Sartre, J.-P., *Les Mots*, Paris, Gallimard, 1964, p. 62.
(10)   Voir Cohen-Solal, Annie, *Sartre, 1905-1980*, Paris, Gallimard, 1985, p. 108.
(11)   Lévy, B.-H., *Le Siècle de Sartre*, *op. cit.*, p. 282 ; p. 286.
(12)   Voir Sartre, J.-P., *Les Mots*, *op. cit.*, p. 89-90.
(13)   Lévy, B.-H., *Le Siècle de Sartre*, *op. cit.*, p. 348.

prendre le pas sur la sensibilité, il refoule les affects. Mais du sein de cette fragmentation, une possibilité de réintégration se fait jour. Sartre va investir dans l'illusion d'un soi fixe, d'un soi lisant puis d'un soi écrivant, qui satisfera son ego surdimensionné et donc son narcissisme. Si la raison prend le pas sur la sensibilité, dans l'écriture, et notamment dès *L'être et le néant*, Sartre s'oppose en fait au spiritualisme du moment, plaidant avec Husserl pour un retour à la matérialité, comme le souligne Bernard-Henri Lévy[14]. Josette Pacaly écrit que Sartre estime ne pas être né d'un homme et d'une femme mais de l'écriture, un tour de force qu'il projette également sur Genet et sur Gorz[15]. Dans un passage des *Mots*, on peut mesurer toute la lucidité de Sartre qui, s'auto-analysant, écrit : « Écrivant, j'existais [...] mais je n'existais que pour écrire et si je disais : moi, cela signifiait : moi qui écris. »[16] Sartre a l'illusion d'un soi unidimensionnel et fixe, et par là même, il exclut la possibilité que s'expriment d'autres aspects d'un moi plus fluide.

Après le survol de ces données théoriques, penchons-nous à présent sur l'expérience vécue de Sartre.

Après la mort de son père, le jeune Sartre, fils unique, est élevé par ses grands-parents et par sa mère, qu'il considère davantage comme une sœur. Il grandit seul, à l'écart des autres enfants et surtout des garçons de son âge, puisqu'il ne va pas à l'école. C'est d'abord son grand-père qui assure son instruction puis plusieurs précepteurs se succèdent auprès de lui. Malgré la phrase des *Mots* dans laquelle Sartre déclare ne pas avoir de sur-moi[17], son grand-père semble bien avoir

---

(14) Voir *ibid.*, p. 69.

(15) Voir Pacaly, Josette, *Sartre au miroir*, Paris, Klincksieck, 1980, p. 298.

(16) Sartre, J.-P., *Les Mots*, *op. cit.*, p. 130.

(17) Voir *ibid.*, p. 19.

rempli cette fonction, comme l'affirme aussi Geneviève Idt à propos du rôle du grand-père Schweitzer : « Loin d'être absent, il semblerait en Poulou plutôt tyrannique, au point de censurer toutes les pulsions autres que l'écriture. »[18] C'est également l'opinion de Contat[19]. Enfant prodige dans un monde d'adultes, Sartre, comme il le dit dans *Les Mots*, joue la comédie familiale[20].

Mais le narrateur évoque une autre réalité que celle de son milieu familial, celle des enfants qui jouent et l'excluent : « Devant ces héros de chair et de sang, je perdais mon intelligence prodigieuse, mon savoir universel, ma musculature athlétique, mon adresse spadassine. »[21] L'ego surdimensionné de Sartre en est démoli. Il se voit comme un « gringalet qui n'intéressait personne » et conclut : « J'avais rencontré mes vrais juges, mes contemporains, mes pairs, et leur indifférence me condamnait. »[22] Ce rappel à la réalité aurait pu avoir des effets bénéfiques pour Sartre, qui écrit : « Fils unique et sans camarade, je n'imaginais pas que mon isolement pût finir. »[23] Les travaux de Piaget ont démontré que l'environnement social joue un rôle crucial dans le développement cognitif des jeunes enfants, leur permettant de dépasser l'égocentrisme[24]. Mis à part un ou deux essais infructueux à l'école (le grand-père de Sartre, après avoir dit à l'instituteur que son petit-fils était un génie, le retira aussitôt

(18)   Idt, Geneviève, *Les Mots, une autocritique « en bel écrit »*, Paris, Belin, Lettres Sup., 2001, p. 29.

(19)   Voir Contat, Michel, *Sartre, L'invention de la liberté*, Paris, Texuel, collection Passion, 2005, p. 16.

(20)   Voir Sartre, J.-P., *Les Mots, op. cit.*, p. 75.

(21)   *Ibid.*, p. 115.

(22)   *Idem.*

(23)   *Ibid.*, p. 153.

(24)   Voir Piaget, Jean, *Judgement and Reasoning in the Child*, New York, Harcourt Brace Jovanovich, 1928, p. 204.

de l'école où ses talents n'étaient pas reconnus, consacrant ainsi son ego surdimensionné), Sartre ne fut vraiment scolarisé qu'à l'âge de dix ans, lorsqu'il entra au lycée Henri IV ; il avait donc passé les dix premières années de sa vie plus ou moins isolé de ses contemporains.

Selon le narrateur des *Mots*, cette scolarisation marque le début d'une double vie : en famille, le jeune Sartre continue à singer l'homme, et parmi ses camarades, il vit enfin. Il décrit leur sortie de l'école et la course vers la place du Panthéon : « [...] C'était un moment de bonheur grave : je me lavais de la comédie familiale ; loin de briller [...] je n'avais qu'une passion : m'intégrer. Sec, dur et gai, je me sentais d'acier, enfin délivré du péché d'exister [...] j'étais indispensable. »[25] Selon Johnson, l'enfant narcissique qui, au moyen de sa volonté, s'est forgé une personnalité en rejetant une partie de lui-même, est souvent coupé des expériences sensorielles du moi[26] ; or, dans cet exemple, Sartre renoue avec ces expériences sensorielles. L'expression de sa masculinité dérive non plus de l'écriture, mais du fait d'être reconnu par ses pairs. Lui-même dit qu'à partir de ce moment-là, il n'écrivit plus, parce qu'il avait des devoirs scolaires mais surtout parce qu'avoir des camarades lui ôtait le désir d'écrire, ce qui montre bien que l'écriture, jusqu'alors, était pour lui un substitut, un refuge[27].

Ce bonheur enfin découvert ne sera que de courte durée puisque le remariage de la mère de Sartre, en 1917, correspond à leur déménagement à la Rochelle, où Sartre va se retrouver avec des enfants qui vont faire de lui leur souffre-douleur ; il est régulièrement battu et occupe donc la position d'une

(25) Sartre, J.-P., *Les Mots*, *op. cit.*, p. 187.
(26) Voir Johnson, Stephen M., *Character Styles*, New York, W. W. Norton, 1994, p. 169-70.
(27) Voir Sartre, J.-P., *Les Mots*, *op. cit.*, p. 186.

masculinité subordonnée. À douze ans, bientôt adolescent, il se mesure défavorablement à ses pairs et essuie également des échecs dans ses premières tentatives de séduction des jeunes filles, échecs qui ne font que le ridiculiser aux yeux de ses camarades. On dirait aujourd'hui qu'il fut racketté par ses camarades de classe Bouthiliers et Pelletier, leur procurant argent de poche, billets de cinéma et gâteaux en volant à sa mère. Il abandonne même l'écriture : sa mère ne semble plus s'y intéresser et ses camarades s'en moquent. Il ne lui reste plus rien pour pratiquer les espaces de la masculinité. Tout d'abord il souffre en silence, sans même concevoir la possibilité d'un changement, puis, petit à petit, afin de se faire respecter et de ne plus être l'objet de violences, il se forge un caractère de fer et, se faisant violence, devient violent à son tour (on retrouve cette thématique dans ses *Écrits de jeunesse*). Sartre exprime cela dans le premier des *Carnets de la drôle de guerre* : « Il s'agirait donc d'un réflexe de défense et d'orgueil d'un enfant un moment traqué et battu, qui réagit par la rudesse et qui garde toute sa vie cette espèce de rudesse hargneuse et défiante vis-à-vis des hommes et cette volonté de ne pas se laisser faire. »[28] Après l'expérience de La Rochelle, il conclura que « les rapports profonds entre les hommes sont fondés sur la violence »[29]. Bernard-Henri Lévy cerne bien ce sujet : « Les choses sont violentes. Intempestives [...] Elles sont un donné rageur. Ravageur. »[30] Très jeune, Sartre a opéré un cloisonnement entre les hommes et les femmes, et ses rapports avec les hommes sont devenus problématiques.

Sartre réfléchit sur ses relations avec les hommes dans des entretiens des années soixante-dix ainsi que dans ses *Carnets*

---

(28)   Sartre, J.-P., *Carnets de la drôle de guerre, Novembre 1939-Mars 1940*, Paris, Gallimard, 1983, p. 178.
(29)   Cohen-Solal, A., *Sartre, 1905-1980, op. cit.*, p. 75.
(30)   Lévy, B.-H., *Le Siècle de Sartre, op. cit.*, p. 224.

de la drôle de guerre. Dans ces derniers, il dit ne pas pouvoir imaginer de tendresse dans ses relations avec les hommes ; aussi n'a-t-il eu pour amis que ce qu'il appelle des « hommes-femmes »[31]. Il explique que ceux-ci sont rares et qu'ils tranchent sur les autres par leur charme physique et parfois leur beauté, ainsi que « par mille richesses intimes que le commun des hommes ignorent »[32] ; et il déclare que malgré sa laideur, lui-même est un homme-femme. Sartre a toujours été attiré par la beauté chez les hommes et aimé les fréquenter : Guille, Maheu, Nizan, Zuorro, Bonnafé, Bost... Évoquant Zuorro, Sartre déclare à Beauvoir, en 1974, qu'il avait une certaine sympathie pour lui qui tenait à son physique : il était assez beau, dit-il[33]. « Je ne sais si, un temps, je n'ai recherché la compagnie des femmes pour me décharger du poids de ma laideur »[34] – cette remarque pourrait évidemment s'appliquer à ces hommes-femmes.

Lorsque Guille témoigne à Sartre une certaine tendresse (toujours très discrète et charmante, nous rassure Sartre), celui-ci est aussi embarrassé que si un inverti lui avait fait une déclaration[35]. Dès que les rapports avec un homme ne sont plus superficiels et cordiaux, il est gêné ; il n'aime pas que les hommes lui fassent des confidences et utilise à ce propos une métaphore révélatrice : « Ce que j'appelle confidence se définit plus par la forme que par le contenu, par un certain laisser-aller, un certain *abandon humide* [...] si un homme m'en

---

(31)   Sartre, J.-P., *Carnets de la drôle de guerre, Novembre 1939-Mars 1940, op. cit.*, p. 336.

(32)   *Idem.*

(33)   Voir Beauvoir, Simone de, *La cérémonie des adieux*, suivi de « Entretiens avec Jean-Paul Sartre », Paris, Gallimard, 1981, p. 332.

(34)   Sartre, J.-P., *Carnets de la drôle de guerre, Novembre 1939-Mars 1940, op. cit.*, p. 342.

(35)   Voir *ibid.*, p. 334.

fait, je me glace. »[36] Lorsque des hommes lui manifestent une certaine chaleur, Sartre la rattache à des qualités qu'il nommerait sans doute « féminines » : l'abandon (à l'opposé du contrôle) et l'humidité (à l'opposé de la sécheresse et de l'aridité – termes par lesquels il qualifie la voix de son grand-père et celle de son père). Sartre semble confondre l'intimité (la tendresse) et la sexualité – il l'exprime d'ailleurs très lucidement : « La tendresse est-elle si nettement sexuelle chez moi, comme aussi l'intimité, que je ne puis envisager d'être tendre avec un homme sans que je sente aussitôt comme une brève poussée de sexualité qui ne trouve pas à s'employer et me rebute et me gêne aussitôt ? »[37] Décrivant Guille, Sartre écrit qu'il avait une chaleur communicative, et qu'il faisait montre d'une tendresse presque féminine et d'un exclusivisme jaloux que lui-même était bien loin de posséder[38]. Or ces qualités ressemblent à celles du jeune Poulou : peut-être font-elles partie des caractéristiques qu'il a évacuées dans sa quête de la masculinité ? On pourrait émettre l'hypothèse que dans ses relations avec les hommes, Sartre cherche des qualités qu'il perçoit comme lui faisant défaut. Mais avec eux, l'intimité a un goût fade. Il se demande si ce n'est pas, chez lui, de la pédérastie refoulée, ce qui fait bien rire le Castor ; et il en conclut que ce n'en est pas[39].

Lorsque Beauvoir dialogue avec Sartre sur la question en 1974, il s'avère évident que ce qui attire Sartre chez certains jeunes hommes, c'est leur côté androgyne, c'est-à-dire le fait qu'ils n'ont pas encore introduit de séparation entre leur côté masculin et leur côté féminin. Lui-même se définit en

(36) *Idem* (c'est moi qui souligne).
(37) *Idem*.
(38) Voir *ibid.*, p. 333.
(39) Voir *ibid.*, p. 334.

opposition à l'adulte mâle (l'expression est de Sartre), qui incarne ce qu'il ne veut pas être[40]. À propos de Venise, qui exerçait sur lui une forte attraction, Sartre écrit : « À Venise, je choisis, je passe du féminin au masculin, de l'âme à l'esprit, il suffit de détourner un peu le regard. »[41] Buisine dit que dans sa correspondance, Sartre montre son côté féminin, et il soutient que la féminité est la clé de l'imaginaire sartrien[42] ; pour lui, Sartre est présent à lui-même lorsqu'il accepte sa « bisexualité »[43].

Lorsqu'il se penche sur ses relations masculines pendant la drôle de guerre, Sartre dit les trouver insupportables. Il s'isole et écrit, « voué à cette autre guerre, mais civile celle-là, qu'il livre à ces autres ennemis que sont les mots »[44]. Il ne demande jamais à voir un homme mais subit sa présence. C'est la notion de réciprocité qu'il ne peut envisager : « Mais ce qui m'écœure à l'avance, c'est que le rapport soit réciproque, c'est d'être vu par eux pendant que je les vois, c'est qu'il puisse y avoir un lien affectif entre nous [...]. »[45] Pour lui, toute une moitié de l'humanité existe à peine.

Mais ne prenons pas les propos de Sartre au pied de la lettre et voyons plutôt avec quels hommes il a eu des relations d'amitié, en commençant par Paul Nizan. Après une première rencontre en 1915 au Lycée Henri IV, Sartre est de nouveau dans le même lycée que lui en 1920 puis tous deux entrent

---

(40)   Voir Beauvoir, S. de, *La cérémonie des adieux*, *op. cit.*, p. 364.

(41)   Sartre, J.-P., *La reine Albemarle ou le dernier touriste*, Paris, Galli-mard, 1991, p. 111.

(42)   Voir Buisine, Alain, « Ici Sartre », *in : Revue des sciences humaines*, Ixvi, n° 195 (juillet-septembre 1984), p. 193 et note 15.

(43)   *Ibid.*, p. 202.

(44)   Lévy, B.-H., *Le Siècle de Sartre*, *op. cit.*, p. 287.

(45)   Sartre, J.-P., *Carnets de la drôle de guerre, Novembre 1939-Mars 1940*, *op. cit.*, p. 340.

ensuite à l'École Normale. La vie de Sartre, de retour à Paris, tranche avec ce qu'il a connu à La Rochelle. La plupart des jeunes qui l'entourent veulent devenir écrivains et Sartre, qui avait arrêté d'écrire, s'y remet avec entrain, ce qui renforce sa masculinité. Il n'est plus le souffre-douleur d'un groupe dominateur mais devient celui qui commande le respect et que les autres se mettent à craindre – notamment lorsque, à l'École Normale, il fait partie de ceux qui perpétuent la violence, particulièrement contre les Sorbonnards.

Dans son avant-propos à *Aden Arabie*, Sartre rappelle que Nizan avait proposé que tous deux soient des surhommes[46]. Il confie ensuite qu'à seize ans, il croyait qu'ils étaient unis par le désir d'écrire[47], ce qui indique que Sartre projetait son ego surdimensionné sur Nizan, aspirant à une sorte de fusion entre eux. On se rappellera que lorsqu'ils allèrent ensemble chez Gallimard, Brunschvicg prit Sartre pour Nizan, pensant qu'il avait écrit *Antoine Bloyé*[48]. Selon Sartre, de 1920 à 1930 ils ne se quittaient pas[49]. Ce jumelage s'étendait à leurs écrits : ils écrivirent ensemble un poème signé « Sartre Nizan »[50]. À l'École Normale, ils étaient inséparables et on les appelait « Nitre et Sarzan »[51]. Sartre décrit Nizan : « taille moyenne, cheveux noirs. Il louchait, comme moi, mais en sens inverse, c'est-à-dire agréablement »[52]. Buisine voit

(46) Voir Sartre, J.-P., *Situations, IV*, Paris, Gallimard, 1964, p. 143.
(47) Voir *ibid.*, p. 164.
(48) Voir Sartre, J.-P., *Carnets de la drôle de guerre, Novembre 1939-Mars 1940, op. cit.*, p. 328.
(49) Voir Sartre, J.-P., *Situations, IV, op. cit.*, p. 141-42.
(50) Sartre, J.-P., *Écrits de jeunesse*, Paris, Gallimard, 1990, p. 338.
(51) *Ibid.*, p. 523.
(52) Sartre, J.-P., *Situations, IV, op. cit.*, p. 142.

Nizan comme l'alter ego de Sartre[53]. Cette aspiration, chez Sartre, à un rapport symbiotique dans lequel les frontières démarquant chacun des deux individus sont floues, ce désir pour quelqu'un animé d'aspirations similaires aux siennes, alliés à un ego surdimensionné, pourraient être l'expression d'une tentative de retrouver un miroir, une mère symbolique. Sartre avoue avoir eu des moments de passion pour Nizan[54]. Selon lui, toute amitié, même entre ce qu'il appelle des « hommes sains », a ses temps d'amour[55]. Contat et Rybalka parlent de la profondeur, de la force et de l'ambivalence passionnelle de leur amitié, soutenant que c'est la relation affective qui a compté le plus pour Sartre jusqu'à sa rencontre avec Beauvoir[56].

En 1960, Sartre perçoit mieux leurs différences. Nizan avait peur de mourir alors que lui se croyait immortel[57]. Il se trompait lorsqu'il croyait, à seize ans, que tous deux étaient unis par le désir d'écrire[58], car pour Nizan, là n'était pas l'essentiel. Il admet avoir été blessé que Nizan soit parti pour Aden sans le lui dire et qu'il fut alors obligé de s'avouer qu'il ne comptait guère à ses yeux. De toute évidence, cet événement marqua pour Sartre une rupture intérieure irréversible (comme celle qu'il connut avec sa mère lorsque celle-ci se remaria). Pourquoi n'avait-il pas perçu de signes avant-coureurs ? « Ce fut par jalousie, je crois : je niai les

---

(53) Voir Buisine, A., *Laideurs de Sartre*, Lille, Presses Universitaires de Lille, 1986, p. 112.

(54) Voir Sartre, J.-P., *Carnets de la drôle de guerre, Novembre 1939-Mars 1940*, *op. cit.*, p. 334.

(55) Voir Sartre, J.-P., *Lettres au Castor et à quelques autres*, *, *op. cit.*, p. 22.

(56) Voir Sartre, J.-P., *Écrits de jeunesse*, *op. cit.*, p. 138.

(57) Voir Sartre, J.-P., *Situations, IV*, *op. cit.*, p. 145.

(58) Voir *ibid.*, p. 164.

sentiments que je ne pouvais partager »[59], répond Sartre. L'exemple donné est celui d' « incommunicables passions »[60] que Sartre nie dans la mesure où lui-même ne les ressent pas.

En adoptant une approche psychanalytique, on pourrait dire qu'il y avait entre Sartre et Nizan un transfert narcissique – ce que l'on appelle également la fonction du soi-objet. Cette fonction désigne « l'expérience d'une autre personne comme faisant partie du soi où cette autre personne apporte des fonctions nécessaires pour la cohésion du soi »[61]. Selon Johnson, le transfert narcissique comprend l'idéalisation de quelqu'un, le reflet (au sens de mimétisme), la fusion et surtout le transfert jumelé[62]. La fusion est définie comme une relation dans laquelle « l'individu obtient un sentiment de sécurité et d'estime de soi »[63] ; il va se servir librement de l'autre, sans reconnaître les frontières entre le soi et l'autre. Pour ce qui est du transfert jumelé, « [...] l'individu a le sentiment d'avoir une identité et une estime de soi plus solides en assumant une similarité exagérée entre soi et les autres. »[64]

Sartre décrit Nizan, Guille et Beauvoir comme des « amis intimes », chacun correspondant à une période spécifique de sa vie[65]. L'amitié lui apportait bien plus que de l'affection, « un monde fédératif » où ils mettaient en commun « toutes leurs

(59) *Ibid.*, p. 146.

(60) *Idem.*

(61) Breshgold, Elaine, Zahm, Stephen, « A case for the integration of self psychology developmental theory into the practice of Gestalt therapy », *in : The Gestalt Journal*, Vol. XV, n° 1 (1992), p. 64 (ma traduction).

(62) En anglais : « idealizing, mirroring, merger, and twinship transferences ».

(63) Johnson, S. M., *Character Styles, op. cit.*, p. 46 (ma traduction).

(64) *Idem* (ma traduction).

(65) Voir Sartre, J.-P., *Carnets de la drôle de guerre, Novembre 1939-Mars 1940, op. cit.*, p. 328.

valeurs, toutes leurs pensées et tous leurs goûts »[66]. Sartre insiste sur le fait que de chacune de ces amitiés résultait un couple d'une force considérable et il ajoute que depuis sa dix-septième année, il a toujours vécu en couple. On peut mesurer son désir de fusion : « J'avais l'impression à chaque instant que mes amis me lisaient jusqu'au cœur, qu'ils voyaient mes pensées se former [...] je sentais leur regard jusqu'au fond de moi-même. »[67] Ainsi, pour lui, dès qu'une pensée se formait en lui, elle appartenait déjà à son ami(e). Sartre semble ne pas avoir eu de sens intime de son moi, comme cette citation des *Carnets Midy* nous le révèle, où, sous la rubrique « Moi », on peut lire :

« J'ai cherché mon moi : je l'ai vu se manifester dans ses rapports avec mes amis, avec la nature, avec les femmes que j'ai aimées. J'ai trouvé en moi une âme collective, une âme de groupe, une âme de la terre, une âme des livres. Mais mon moi proprement dit, inconditionné, je ne l'ai pas trouvé. »[68]

Il admet que ses amis ne partageaient pas nécessairement son désir de transparence totale. Les autres, même le Castor, gardaient « des zones d'ombre » ; mais dans les rares occasions où ce que Sartre nomme leur « fédération » fut portée à son plus haut achèvement (il parle du Castor et lui), il dit avoir ressenti « un bonheur écrasant et semblable à l'été »[69]. Mais si la transparence et la confluence sont des étapes cruciales de la petite enfance et de l'adolescence, à l'âge adulte, elles constituent des dysfonctionnements ; et ce désir, chez Sartre, l'empêche, comme il le dit dans *Les Mots*, d'être solidaire de lui-même, intime avec lui-même. Selon Clarkson, la fusion

---

(66) *Idem.*
(67) *Ibid.*, p. 329.
(68) Sartre, J.-P., *Écrits de jeunesse, op. cit.*, p. 471-72.
(69) Sartre, J.-P., *Carnets de la drôle de guerre, Novembre 1939-Mars 1940, op. cit.*, p. 331.

permanente avec une autre personne ou avec une situation entraîne la perte du soi[70], et ceux qui recherchent ce genre de relations se coupent de leurs propres ressources.

Cette période fusionnelle de la vie de Sartre se termine abruptement avec son service militaire, durant lequel il se sentira isolé et démuni, abhorrant cette vie en commun avec ses conscrits. Puis ce sera l'enseignement au Havre, où il s'entourera de jeunes lycéens qui, pour la plupart, l'admireront.

Analysons à présent une autre situation qui met en lumière les rapports de Sartre avec les hommes : celle de la drôle de guerre, où il va se retrouver vingt-quatre heures sur vingt-quatre avec des hommes, sans femme et surtout sans ses femmes du moment (le Castor, mais aussi Wanda, Louise Védrine et Martine Bourdin). Au début, Sartre a des difficultés à entrer en relation avec les autres soldats ; il parle de solitude en commun[71]. Il écrit à Beauvoir qu'il est drôle de vivre avec des hommes : « Ce que c'est épais, un homme ! »[72] Dans ses *Carnets*, il confie que partir vivre avec des hommes voulait dire pour lui être un dur ; et il est rude avec ses trois acolytes, Paul, Keller et Pieter, ce qui lui garantit une certaine domination[73]. Il ne veut pas d'amitié. Et pourtant… Penchons-nous sur sa relation avec Pieter.

Le vrai nom de Pieter était Pieterkovsky, d'origine juive. Même si Sartre parle de lui en termes peu flatteurs (il le désigne tour à tour comme un capitaliste, un salaud, une

(70) Voir Clarkson, Petruska, *Gestalt Counselling in Action*, London, Sage, 1989, p. 55-56.

(71) Voir Sartre, J.-P., *Lettres au Castor et à quelques autres*, *, op. cit.*, p. 277.

(72) *Ibid.*, p. 321.

(73) Voir Sartre, J.-P., *Carnets de la drôle de guerre, Septembre 1939-Mars 1940*, Paris, Gallimard, 1995, p. 177.

commère, l'être inauthentique de Heidegger, l'ange de l'inauthenticité), il forme avec lui une espèce de couple : ils ne cessent de se quereller mais ne peuvent se séparer. C'est bon signe pour Sartre qui, parlant d'une de leurs disputes, écrit qu'ils ont échangé le genre de paroles qu'on ne peut se dire qu'en famille[74]. En fait, si l'on en juge par sa correspondance mais aussi par tous les passages sur Pieter dans les *Carnets*, il semble que Sartre était fasciné par Pieter. Leur relation est passionnelle, terme que Sartre avait déjà utilisé pour décrire sa relation avec Nizan. À un moment, il lui dit : « Tais-toi, tu raisonnes comme une femme, tu es un con. »[75] Ailleurs, il le traite de bonne femme et de chiffe. Pieter ne se laisse pas faire pour autant et rend coup pour coup. Ce qui est extraordinaire, c'est qu'après ces disputes assez violentes, ils s'en vont faire leurs sondages comme si de rien n'était. Sartre remarque également que toutes les disputes se ressemblent ; et de conclure qu'entre eux, cela ne va jamais très loin. Oui et non. Quelque chose, chez Pieter, accroche Sartre au niveau des affects. Peut-être se reconnaît-il en Pieter ? Les insultes qui reviennent le plus souvent dans leurs échanges visent à féminiser Pieter, par exemple en projetant sur lui des qualités dites féminines (notamment en décrivant ses lèvres comme énormes et femelles), voire en lui expliquant qu'il a un tempérament féminin[76]. Il se peut que Sartre ait été à la fois attiré et repoussé par ces qualités dites féminines chez Pieter, qualités que lui-même avait refoulées. Pour Johnson, cette hypothèse correspond à la théorie selon laquelle les narcissiques, ayant appris à cacher ce qui a été rejeté par

(74) Voir Sartre, J.-P., *Lettres au Castor et à quelques autres*, **, 1940-1963, Paris, Gallimard, 1983, p. 56.

(75) Sartre, J.-P., *Lettres au Castor et à quelques autres*, *, *op. cit.*, p. 429.

(76) Voir Sartre, J.-P., *Carnets de la drôle de guerre, Novembre 1939-Mars 1940, op. cit.*, p. 191.

les autres, risquent fort « soit de ressentir de la colère ou alors d'éviter ceux qui affichent ce qu'ils ont rejeté en eux-mêmes »[77].

Pieter lui non plus n'est pas tendre avec Sartre et la plupart de ses attaques portent sur le fait que Sartre critique les autres mais est très indulgent pour lui-même, ou sur le fait qu'il se sent supérieur aux autres. En un sens, Pieter attaque l'ego surdimensionné de Sartre. Quant à Sartre, il apprend qu'il peut présenter un soi pluriel, se mettre vraiment en colère et montrer une panoplie d'émotions plus vaste sans être rejeté. Après la guerre, Sartre reverra plusieurs fois Pieterkovsky, ce qui montre qu'il ne subissait pas leur relation mais bien qu'il la choisissait. Et en 1974, lorsque Beauvoir l'interroge sur ses années de captivité, il n'a que des choses positives à dire sur Pieter, se rappelant qu'ils s'entendaient bien[78].

À noter également : en captivité, Sartre change d'attitude avec les hommes ; il n'est plus agressif mais solidaire[79]. Évoquant la vie en commun, il comparera même l'expérience du Stalag au temps passé à l'École Normale[80].

Parmi les figures marquantes de l'amitié, Camus est la figure incontournable de l'après guerre. Ils se rencontrent en 1943. Camus est bel homme, dans la tradition des amis de Sartre, qui expliquera à Contat qu'il était drôle et qu'ils s'amusaient bien ensemble : « Il avait un langage très vert, moi aussi

---

(77) Johnson, S. M., *Character Styles*, *op. cit.*, p. 158 (ma traduction).

(78) Voir Beauvoir, S. de, *La cérémonie des adieux*, *op. cit.*, p. 336.

(79) Voir Cohen-Solal, A., *Sartre, 1905-1980*, *op. cit.*, p. 209.

(80) Voir Sartre, J.-P., *Œuvres romanesques*, Paris, Gallimard, La Pléiade, 1981, p. lvi. Dans *Le Siècle de Sartre* (*op. cit.*, p. 504 et suivantes), Bernard-Henri Lévy souligne également cette solidarité et attribue son origine aux sept mois passés à Trèves ; et il tire de cette expérience l'origine de la conversion de Sartre, notamment dans *Bariona*, conte de Noël qui est « une sorte de corps à corps, dans le texte et par le texte, entre le premier et le second Sartre » (*ibid.*, p. 513).

d'ailleurs, on racontait un tas de cochonneries. »[81] Tous deux courent après les femmes et Sartre aime boire avec Camus. Il apprécie plus particulièrement son côté « petit voyou d'Alger, très truand, très marrant »[82]. L'évoquant, il conclut : « C'est probablement le dernier qui ait été un bon ami. »[83] (Il est tout de même triste de noter que, si l'on en croit Sartre, il n'aurait pas eu de bon ami entre quarante-cinq et soixante-dix ans.) On aurait pu s'attendre, au regard des comptes rendus des livres de Camus par Sartre et vice-versa au début de leur relation, à ce que Sartre décrive une affinité intellectuelle, mais il n'en est rien – au contraire, Sartre est peu flatteur sur les capacités intellectuelles de Camus. Le portrait qu'il esquisse de lui le fait plutôt ressembler aux petites frappes de La Rochelle. Il se peut qu'en fait, Camus ait rempli une fonction rétrospective pour Sartre : celle de l'ami ou du complice dont celui-ci avait besoin à l'époque où, à La Rochelle, il était un souffre-douleur – ce qui nous amène à nous demander s'il existait une vraie intimité entre eux ou s'il ne s'agissait que d'une rivalité intellectuelle et sexuelle.[84]

Après la mort de Camus, Sartre en parlera d'une manière émouvante, dans un style sobre et pathétique. On relève d'ailleurs une même tendance dans ses éloges funèbres sur Camus, Nizan et Merleau-Ponty : Sartre oublie leurs différends pour parler en termes chaleureux de ses anciens amis. Tout, dans ces articles, porte à croire qu'il endosse alors de nouveau sa sensibilité, dans la mesure où ces hommes ne

---

(81) Sartre, J.-P., *Situations, X, Politique et Autobiographie*, Paris, Gallimard, 1976, p. 196.

(82) *Idem*.

(83) *Idem*.

(84) Je renvoie à l'excellent ouvrage de Ronald Aronson, qui fait un tour complet de la question : *Camus et Sartre. Amitié et combat*, Paris, Éditions Alvik, 2005 ; et au *Siècle de Sartre, op. cit.*, p. 408 et suivantes.

sont plus des rivaux qui pourraient prendre le meilleur sur lui, comme les garçons de La Rochelle. En tant qu'ami ou plutôt ancien ami de Sartre, on est beaucoup mieux traité mort que vivant !

Faisant le tour de ses amitiés masculines avec Beauvoir en 1974, Sartre parle d'amis avant la guerre, comme Dullin, pendant la guerre, comme Leiris et sa femme, Koestler et sa femme, Queneau et Genet, et après la guerre, Giacometti. Beauvoir lui fait remarquer que, ne désirant pas avoir de rapports seul à seul avec ces hommes, il ne les voyait qu'en couple[85]. Sartre évoque également ses relations avec des hommes plus âgés que lui, comme Paulhan, Gide et Jouhandeau, et dit qu'il n'en retirait pas grand chose[86].

Il y eut aussi, bien sûr et surtout, des relations politiques, comme celles qu'il entretenait avec Merleau-Ponty et Claude Lanzmann. En 1975, lors des réunions des *Temps Modernes*, Sartre rencontre régulièrement quatre hommes[87], ses meilleurs amis du moment : Bost, Lanzmann, Gorz et Pouillon[88]. Beauvoir note qu'ils ont au moins dix ans de moins que lui et que certains sont d'anciens étudiants, comme Bost, d'autres, en quelque sorte des disciples, comme Gorz. Sartre a du plaisir à rencontrer ces hommes plus jeunes que lui et vers la fin de sa vie, il consolide des amitiés de ce type, par exemple avec Michel Contat, Michel Rybalka et Michel Sicard, avec lesquels il se lance dans divers projets. Sartre parle d'eux en termes chaleureux, faisant état d'une longue histoire entre eux, d'une véritable amitié, mais ajoutant toutefois que celle-ci ne se traduit pas par des émotions violentes. C'est le mot-

(85) Voir Beauvoir, S. de, *La cérémonie des adieux, op. cit.*, p. 347.
(86) Voir *ibid.*, p. 363.
(87) Voir Sartre, J.-P., *Situations, X, op. cit.*, p. 166.
(88) Voir Beauvoir, S. de, *La cérémonie des adieux, op. cit.*, p. 356 ; p. 513.

clé : « émotions violentes » – passion, rage, colère... Lorsque Sartre éprouve et surtout exprime des émotions violentes, comme dans ses relations avec Nizan, Pieter, Camus, Benny Lévy et, chez les femmes, Beauvoir, Olga et Dolorès, il est vivant sur le plan des affects, il allie raison et émotion, il montre un soi pluriel.

Qu'est-il arrivé à toutes ces relations ? Sartre s'est fâché avec bon nombre de ses amis : Guille, Zuorro, Maheu, Cocteau (dont il appréciait la sensibilité)[89], Queneau et Giacometti – on pourrait ajouter Aron à cette liste. Il admet que dans tous les cas, c'est lui qui a pris la décision de se brouiller[90]. Lorsque Beauvoir lui demande pourquoi ces ruptures semblent le laisser indifférent, il répond : « Je pense que je n'ai pas d'amitié profonde pour certains hommes qui ont été parmi les plus proches de mes amis », faisant une exception pour Nizan[91]. Beauvoir explique son attitude par le fait que ces relations étaient surtout intellectuelles et que lorsqu'il y avait mésentente, que ce soit pour des raisons politiques ou pour d'autres raisons, « tout s'écroulait » ; Sartre acquiesce[92]. Mais si cette explication peut être valable pour la plupart des rapports de Sartre avec les hommes, elle ne l'est pas pour ses relations avec Nizan ou Camus, par exemple, Sartre ayant toujours dit que sur le plan intellectuel, Camus ne pouvait pas le suivre. Il existait un élément affectif, passionnel, entre Sartre et Nizan ; peut-être ne cherchait-il pas en ce dernier un alter ego, mais en tout cas un « *alter scriptor* ». Cet élément affectif, passionnel, se retrouve avec Guille, peut-être aussi avec Camus, et certainement avec Benny Lévy. La lecture

(89) Voir Sartre, J.-P., *Situations, X*, *op. cit.*, p. 173.
(90) Voir Beauvoir, S. de, *La cérémonie des adieux*, *op. cit.*, p. 354.
(91) *Ibid.*, p. 352.
(92) *Ibid.*, p. 353.

des articles nécrologiques de Sartre sur Nizan et Camus, ces véritables « tombeaux pour l'ami disparu »[93], montre que malgré leurs différends, il n'avait pas rompu ses liens émotionnels avec eux – peut-être parce que, ayant accédé grâce à leur médiation à un aspect de lui-même qu'il avait auparavant rejeté, rompre avec eux aurait signifié, pour Sartre, une rupture intérieure avec ce soi pluriel en voie de reconquête : rompre avec eux aurait été se faire violence, rompre avec lui-même.

Nous terminerons cet article en évoquant trop rapidement Benny Lévy, qui devint le secrétaire de Sartre à l'automne 1973 et occupa une place de plus en plus importante dans les dernières années de la vie de Sartre, devenu quasi-aveugle et dépendant. Sartre qui, dans le premier des *Carnets de la drôle de guerre*, avait écrit, en 1939 : « Compter sur d'autres. Ça ne m'est jamais arrivé, je crois que je peux l'affirmer. J'en aurais eu horreur »[94], dut bien s'y habituer ; il avait besoin de B. Lévy mais décida aussi, exceptionnellement, de faire confiance à un homme.

S'adressant à B. Lévy dans *On a raison de se révolter*, Sartre déclare : « Figure-toi que depuis que je suis avec toi je suis mieux dans ma peau. »[95] Lorsque j'avais demandé à B. Lévy ce qu'il pensait que Sartre entendait par là, il me donna une explication politique : Sartre continuait à écrire son livre sur Flaubert tout en étant indispensable au groupe le plus actif de l'extrême gauche[96]. Mais en se penchant sur cette déclaration

---

(93) Lévy, B.-H., *Le Siècle de Sartre*, *op. cit.*, p. 417.

(94) Sartre, J.-P., *Carnets de la drôle de guerre, Septembre 1939-Mars 1940*, *op. cit.*, p. 24.

(95) Sartre, J.-P., Gavi, Philippe, Victor, Pierre, *On a raison de se révolter*, Paris, Gallimard, Collection La France sauvage, 1974, p. 172.

(96) Voir Boulé, Jean-Pierre, *Sartre médiatique. La place de l'interview dans son œuvre*, Paris, Minard, 1992, p. 206.

du point de vue des processus psycho-sociaux chez Sartre, on peut en faire une autre lecture et en donner une interprétation qui touche au niveau inconscient de la dynamique qui le liait à B. Lévy.

En 1977, après avoir commencé à travailler ensemble, ils publient une interview. Sartre y révèle que ce qui l'a attiré chez B. Lévy était le fait qu'avec lui, il pouvait avoir des conversations dans d'autres domaines que la politique : il pouvait avoir avec lui le type de conversations qu'il avait avec des femmes ; B. Lévy avait des qualités féminines appréciables[97] – je cite Sartre : « Tu avais en somme le genre de conversation en dehors du sujet principal que j'aime bien avoir avec les femmes : sur l'événement, chose qu'avec les hommes on a rarement. » B. Lévy répond : « Tu ne m'as pris ni tout à fait comme un chef ni tout à fait comme un mec » ; et Sartre renchérit : « Tu étais quand même un mec, mais un mec qui avait *des qualités féminines*. Ça ne me poussait pas dans tes bras : je ne suis pas homosexuel. Non, mais je te trouvais sympathique de ce point de vue là. »[98] Leur relation pourrait illustrer cette phrase de *La reine Albemarle ou le dernier touriste* : « Ce que je regrette, c'est l'amitié. Mais c'est aussi une certaine amitié italienne que j'ai remarquée cent fois, cette tendresse de l'homme pour l'homme presque sensuelle et si peu pédérastique. »[99] Sartre a toujours été attiré par les *hommes-femmes* et il trouve chez B. Lévy, ou plutôt projette sur lui, le fait qu'il semble avoir intégré son côté féminin, ce qui correspond à la position de sujet occupée par Sartre dans sa tendre enfance, position dont il a dû se détacher.

(97) Voir « Pouvoir et liberté : actualité de Sartre », dialogue avec Pierre Victor, *Libération*, 6 janvier 1977, p. 10.

(98) *Idem* (c'est moi qui souligne).

(99) Sartre, J.-P., *La reine Albemarle ou le dernier touriste*, *op. cit.*, p. 151.

Dans un de mes livres[100], j'ai soutenu que Sartre a voulu s'approprier les femmes de façon à se réapproprier sa propre part féminine et sa sensibilité. Ainsi a-t-il trouvé en Olga et Dolorès deux femmes spontanées et passionnées qui lui ont permis de réintégrer un soi pluriel. B. Lévy ressemble à Olga et à Dolorès. Beauvoir souligne qu'il « voulait tout »[101], comme Sartre lui-même, et Ben-Gal renforce ces propos[102]. Discutant de B. Lévy avec Sartre, Contat fait remarquer que Sartre semble apprécier chez lui la radicalité de ses ambitions, sa soif d'absolu ; à quoi Sartre répond : « Oui, certainement. Ceux qui veulent tout. C'est ce que j'ai voulu moi-même. »[103] Grâce à B. Lévy, Sartre s'autorise des émotions plus extrêmes, qu'il a l'habitude de tenir verrouillées. Ainsi le conflit va-t-il jouer un rôle important au début de leur relation : Ben-Gal rapporte que B. Lévy affrontait violemment Sartre sur ses propos et sur ses écrits, et dit que Sartre appréciait l'intelligence pointue dont B. Lévy faisait preuve dans cette confrontation autour de son œuvre[104]. Sartre confiera à Gallimard : « J'aime bien travailler avec Victor [...] Il m'amuse, on s'engueule vraiment. »[105]

J'ai émis l'hypothèse[106] qu'au niveau inconscient, l'affinité première de Sartre avec Beauvoir venait peut-être du fait qu'à ses yeux, elle avait intégré le masculin et le féminin. On pourrait émettre une autre hypothèse, selon laquelle B. Lévy,

(100)   Voir Boulé, J.-P., *Sartre, Self-Formation and Masculinities*, Oxford/New York, Berghahn Books, 2005.

(101)   Voir Beauvoir, S. de, *La cérémonie des adieux*, op. cit., p. 141.

(102)   Voir Ben-Gal, Ely, *Mardi chez Sartre. Un Hébreu à Paris, 1967-1980*, Paris, Flammarion, 1992, p. 212.

(103)   Sartre, J.-P., *Situations, X*, op. cit., p. 194.

(104)   Voir Ben-Gal, E., *Mardi chez Sartre*, op. cit., p. 212.

(105)   Cohen-Solal, A., *Sartre, 1905-1980*, op. cit., p. 632.

(106)   Voir Boulé, J.-P., *Sartre, Self-Formation and Masculinities*, op. cit., chapitre VII.

ayant intégré sa part féminine dans sa masculinité, a été pour Sartre l'équivalent de Beauvoir. Ceci pourrait en partie expliquer l'animosité entre Beauvoir et Lévy : en un sens, ils se ressemblaient trop.

Alors que bon nombre de commentateurs ont accusé B. Lévy de s'être servi de Sartre et perçu Sartre comme un père spirituel, voire un mentor intellectuel, pour B. Lévy, dans le scénario que je viens d'envisager, c'est en fait B. Lévy qui aurait été un modèle pour Sartre sur le plan émotionnel ![107] Après vingt-cinq ans sans un véritable ami, B. Lévy est venu bousculer ce statu quo, offrant à Sartre une amitié à la fois politique, affective et passionnée.

(107)   À noter également que dans *L'espoir maintenant*, les entretiens publiés avec Lévy en 1980 dans *Le nouvel Observateur*, Sartre revient sur des notions telles que la violence, la terreur, la fraternité-terreur, préconisant la fraternité, le don et l'importance du domaine affectif entre les hommes, et soulignant que les consciences sont liées et dépendantes les unes des autres, contrairement à ce qu'il avait écrit précédemment.

Le jazz
des années 50

Marcel Fleiss, le fondateur de la galerie 1900-2000, est l'auteur de mythiques séries de photos de jazzmen. Il raconte pour La Règle du jeu *sa passion pour le jazz et l'histoire de sa riche collection.*

J'ai eu la chance d'habiter dans le New York du début des années 50. Mes parents m'avaient fait loger chez des amis à eux, pour que j'apprenne l'anglais en même temps que le métier familial, pelletier. Cela m'a permis de connaître les jazz clubs de l'époque, même si je n'avais que 17 ans. Au Birdland, on m'avait d'abord refusé l'entrée : puisqu'ils servaient de l'alcool, il fallait, en principe, être plus âgé. Mais j'ai promis au patron de l'époque, Oscar Goodstein, de ne pas poser de problèmes et de ne boire que du Coca ; alors il m'a laissé entrer.

Ma passion pour le jazz avait commencé à Paris : j'allais souvent dans la cave du Tabou et au Club Saint-Germain – la rue des Lombards n'existait pas encore. À New York, j'étais comblé :

Lester Young
au Birdland, New York, 1951

Pete Johnson, Meade Lux Lewis, Errol Garner et Art Tatum
au Birdland, New York, 1952

c'était *the right place at the right moment*. J'ai pu assister à la révolution du jazz des années 50, et connaître des lieux et des concerts mythiques, parfois même non-programmés.

J'en ai profité autant que je le pouvais : j'ai demandé, et obtenu, la permission de faire des photos au Birdland et dans d'autres boîtes de jazz. Jusque-là, je prenais surtout des photos de mes amis ; parfois de mes voyages, puisque mon père m'envoyait me former de par le monde (Alaska, URSS…).

Je n'avais pas vraiment de concurrence. Il existait bien quelques photographes de salle mais ils ont rapidement compris que je ne cherchais pas à les remplacer. J'ai même suppléé à titre honorifique le photographe du Birdland, lorsqu'il ne pouvait pas venir.

Ella Fitzgerald et Ray Brown
au Birdland, New York, 1952

Mon bonheur a aussi été de connaître Charles Delaunay, petit-fils de Robert Delaunay et directeur de la revue *Jazz Hot*, aujourd'hui la plus ancienne revue française de jazz en activité, qui publiait notamment Maurice Henry – que j'ai eu l'opportunité d'exposer par la suite – et Boris Vian.
Je lui ai proposé mes photos et il est allé jusqu'à m'accorder une colonne dans sa revue : *Les nouvelles d'Amérique*, où

Charles Delaunay et Thelonious Monk,
coulisses de la Salle Pleyel, 1954

Charlie Parker et orchestre à cordes
au Birdland, New York, 1951

je recensais et illustrais l'actualité du jazz new-yorkais. Je n'étais pas rémunéré : je n'en avais pas réellement besoin et je trouvais honteux de demander à être payé pour quelque chose qui me faisait tant plaisir.

Ces articles m'ont permis de faire sortir de l'ombre quelques musiciens : j'ai écrit le premier papier en France sur Charles Mingus, et j'ai été l'un des premiers – sinon le premier – à parler de Gigi Gryce, George Wallington et Charlie Smith. Certains de mes papiers ont été co-signés par un certain Jacques Henry, qui n'était autre que Ny Renaud, qui souhaitait rester anonyme – je pense que cinquante ans après, on peut le dire.

Oscar Pettiford, Graham Forbes, Jay Jay Johnson et Milton Jackson
au Down Beat, 1952

Lester Young et Jimmy Gourley
au Club Saint-Germain, Paris, 1954

Intrigués par l'intérêt que je leur portais, certains jazzmen m'ont demandé de les faire engager pour des concerts à Paris. Mes photographies ont pu servir à ces artistes de tremplin pour la France.

Il y avait un véritable attrait pour Paris, plus particulièrement pour Saint-Germain (c'est là que se trouvaient les bonnes salles) ; ils parlaient aussi souvent des parfums français et appréciaient le vin de Bordeaux. Le problème était que les clubs n'avaient pas de moyens : ils ne pouvaient se permettre d'offrir le voyage aux musiciens et se contentaient donc de profiter de la venue de certains d'entre eux. J'ai essayé d'apporter mon aide chaque fois que j'en avais l'occasion mais il faut dire que cela aurait été très compliqué sans Henri et Ny Renaud – Henri jouait au Tabou ; quant à Ny, elle était la tête pensante. J'étais aussi très ami avec le directeur des Disques Vogue, Léon Kaba, et lorsqu'un musicien venait à Paris, j'essayais de lui faire enregistrer un disque.

Red Mitchell, Gerry Mulligan, Brooks Brookmeyer,
Salle Pleyel, Paris, juin 1954

Bud Powell, Miles Davis, Lee Konitz et Art Blakey
au Birdland, New York, 1952

Malgré mon jeune âge, intégrer le milieu du jazz n'a pas été difficile. Même si les musiciens n'hésitaient pas à consommer de la marijuana devant moi – et même à se piquer –, ils ne m'en ont jamais proposé. Je m'en considère chanceux.
Le dimanche, j'allais souvent à l'Apollo, à Harlem. À l'époque, il n'y avait aucun danger. Les musiciens, ainsi que l'immense majorité du public, étaient noirs – au contraire des clubs de la

Milton Jackson, Percy Heath, et Dizzy Gillespie
au Birdland, New York, 1952

Jimmy Raney, Charles Mingus, Thil Brown et Stan Getz
au Birdland, New York, 1952

Max Roach et Zoot Sims
au Birdland, New York, 1952

52e *street*, dont on n'était pas si loin ; toutes ces salles étaient, en effet, à moins de dix minutes l'une de l'autre.

L'Apollo avait aussi une grande scène qui lui permettait d'accueillir de grands orchestres, quand certains clubs « blancs » n'avaient tout simplement pas de scène. C'était le cas du Down Beat, qui accueillait surtout des bœufs (« *jam sessions* », en anglais).

Le meilleur bœuf auquel j'ai assisté se composait de Miles Davis, Charles Parker et Roy Haynes, qui est devenu un ami. J'étais d'ailleurs parvenu à l'inviter à enregistrer un disque au Studio Parisien aux Champs-Élysées, mais j'ai donné la bande, sans en garder une copie, à quelqu'un qui était très proche des musiciens, qui s'appelait Romano, et qui m'a dit l'avoir perdue. Cela a été ma seule expérience en tant qu'éditeur.

Thelonious Monk,
Salle Pleyel, Paris, juin 1954

J'ai eu d'autres opportunités incroyables, comme celle
d'être un des seuls photographes admis pour le concert de
Thelonious Monk à la Salle Pleyel, en 1954.
Personne ne pouvait être ami avec Thelonious Monk : il était
grincheux et n'avait aucune conversation. J'étais par contre
ami avec Lester Young, Stan Getz, John Lewis…
Une fois, à Paris, j'ai invité Thelonious Monk à l'appartement
de mes parents – qui étaient en voyage – au Trocadéro, avec

Marcel Fleiss photographiant Thelonious Monk,
Salle Pleyel, Paris, 1954 (d.r.)

le couple Renaud, Sacha Distel, Jean-Louis Viale, Jean-Marie Ingrand et quelques autres, pour écouter des disques. À un certain moment, il demande la direction des toilettes. Quelques secondes plus tard, on entend la porte d'entrée claquer et je le vois prendre l'ascenseur en cachant une bouteille de cognac dans son duffle-coat. Une semaine après, il m'a invité à dîner à Londres et s'est excusé ; alors je ne lui en ai pas voulu.

Ny Renaud, Jean-Marie Ingrand, Frank Isola, Thelonious Monk
et Sacha Distel chez Marcel Fleiss, 1954

Un peu plus tard, au cours d'un voyage à Rio de Janeiro, j'ai
fait la connaissance d'un des plus grands play-boys brésiliens,
Jorginho Guinle, immense amateur de jazz – qui possédait,
entre autres, le Copacabana Palace –, avec qui j'ai animé une
émission hebdomadaire à la station de radio Mayrink Veiga. Je
maîtrisais la langue, pour avoir vécu au Brésil de 1940 à 1947.
J'ignorais alors tout de la musique brésilienne ; je passais

Thelonious Monk et Marcel Fleiss, Londres, 1954
(photo prise avec le retardateur)

surtout mon temps à jouer au football dans une équipe de plage, en tant qu'avant-centre.

Puisque j'y retournais pour les vacances, je passais l'essentiel de mon temps à écouter des disques avec Jorginho Guinle, ainsi qu'à revoir mes amis d'enfance. Le soir, je fréquentais les clubs du coin, qui étaient surtout localisés dans le *bairro* – quartier – de Lapa, mais aussi dans les beaux quartiers : Ipanema, Copacabana… Je suis alors tombé amoureux de la musique brésilienne, et plus particulièrement de João Gilberto – que j'ai pu rencontrer à travers Lucien Wepper, un ami brésilien qui habitait à New York. Depuis lors, je me suis rendu à Rio des dizaines de fois.

En 1954, j'ai dû rentrer à Paris. J'ai accompli mon service militaire dans la dernière classe non-appelée en Algérie, tout en continuant à correspondre avec Oscar Goodstein, patron du Birdland, pour me tenir au courant des événements.

Mes séjours à New York m'auront finalement permis de connaître Miles Davis, Dizzy Gillespie, Thelonious Monk, Erroll Garner, Billy Taylor, John Lewis, Lester Young, Ella Fitzgerald, Lee Konitz, Stan Getz, Milt Jackson, Art Blakey, Nat King Cole et Sarah Vaughan.

Cinquante ans plus tard, en novembre 2008, suite à une invitation au Getty pour un colloque sur le jazz d'après-guerre à Paris et en Californie, j'ai revu mon ami René Urtreger et nous avons été ravis de partager nos repas à Los Angeles, et de nous rappeler de cette époque et de nos amis disparus – Sacha Distel, Jean-Louis Viale, Jean-Marie Ingrand, Henri Renaud (Henri Renaud qui a d'ailleurs composé à mon sujet un morceau de piano intitulé « Marcel le fourreur », enregistré à New York en 1954).

LAURENT-DAVID **SAMAMA**

Monotonie à Cergy

À Sébastien Tellier qui, adolescent, entre
Amour et Violence, traînait lui aussi entre le
Plessis-Bouchard et Cergy-Pontoise

1.

Je suis revenu en France un peu contraint et forcé. Des obligations universitaires me rappelaient à Cergy-Pontoise, sinistre préfecture du Val d'Oise. Le train-train, celui qui vous sape le moral et vous détruit lentement de l'intérieur, reprenait. Sans surprise, son cortège de tracas quotidiens suivait. Il y avait, mêlés, comme emportés dans un même tourbillon d'extrême démotivation, les grèves de train, de bus, les lourdeurs de l'administration, l'étroitesse d'esprit des gens, leurs petites existences médiocres et leurs attitudes insignifiantes. Le retour à la réalité était rude. Quelques mois plus tôt, j'avais vécu un peu du *On the Road* de Jack Kerouac, une épopée fantastique, le frisson de la route et des rencontres qu'elle engendre, avec de l'exaltation, de l'imprévu, des dizaines d'aventures que je ne vous raconterai pas ici. J'étais revenu en France et soudain, ce n'était pas rock and roll du tout, zero swag… Je passais de l'effervescence du campus de Georgetown à la tristesse de la fac de Cergy-Pontoise. Cergy-Pontoise où il ne se passait jamais rien. Cergy-Pontoise où je gâchais mon temps et mes possibilités. C'était désespérant de néant, Cergy-Pontoise, et j'y jouais chaque jour les chroniques du béton. Du béton partout. Absolument partout. J'y faisais du droit. Je détestais cela. Le droit, c'était comme Cergy, d'une platitude angoissante. J'essayais de réussir. Je travaillais beaucoup mais rien ne fonctionnait vraiment. Alors je m'entêtais. Je noircissais des pages et des pages en droit constitutionnel, on me les rendait furieusement barrées de rouge, implacablement ornées de commentaires sévères, parfois méchants. Les professeurs révélaient leur vrai visage : ils étaient sans merci, coupeurs de tête, bourreaux. Sans s'en cacher, ils effectuaient des coupes sombres parmi les effectifs trop fournis des étudiants inscrits en Travaux Dirigés. À cette époque, je culminais à 8/20 de moyenne générale et mes devoirs étaient moyens, totalement dépourvus de génie. La vie était alors d'une froideur toute sibérienne ; je crois même qu'il y avait à Cergy une statue à la gloire de Lénine (ou peut-être l'ai-je rêvée)… « On ne fait pas de philosophie, ici, cher Monsieur », « ce n'est pas un devoir de littérature » : voilà ce qu'il y avait écrit lorsqu'on me rendait mes copies. J'ai fermé ma gueule pendant deux ans, puis un jour j'en ai eu marre et j'ai tout envoyé valser. Un, deux, trois temps. Il s'agissait de consacrer sa vie à l'écriture. Écrire sur les autres et sur moi. Sur le monde. En dépit du monde… Pour trouver l'inspiration, il n'était pas nécessaire d'aller très loin ; sans moyens et réduit à une existence misérable, je décidais de faire avec ce que j'avais sous la main : la banlieue. Quelque part entre sa violence et sa poésie, la banlieue offre à l'écrivain des trésors littéraires. Loin du ramdam des journaux télévisés, il suffit seulement de tendre l'oreille, d'ouvrir l'œil et d'observer. Pour le reste, la démarche est classique. Les sujets d'écriture sont partout, les possibilités de faire littérature sont infinies, il suffit d'être curieux.

Ce temps conçu tel un pas de côté loin du monde et de l'activité humaine se voulait grandiose, forcément grandiose. Loin de Paris capitale, je formais alors un projet plutôt inédit : entretenir le lecteur de diverses réalités banlieusardes sans recourir au parler blédard, entrer dans l'intimité des usagers des trains de banlieue, des bus de banlieue et des mecs de banlieue avec authenticité. Évidemment, le procédé littéraire passe par des anecdotes. La courte histoire qui suit vous permettra de comprendre.

2.

Un jour comme tant d'autres, j'ai pris le train en gare de Franconville. C'était à la fin de l'automne. J'avais fait le trajet sous la pluie, de la maison à la station, dans un silence seulement interrompu par le passage des voitures et les aboiements divers de chiens esseulés, mouillés par la bruine. S'en suivirent douze longues minutes d'attente sous le ciel gris. Une éternité. Enfin, le train arriva en gare. Lorsque j'entrai dans le wagon, les passagers déjà assis semblaient suffoquer. Chacun avait savamment pris soin de se placer loin des autres, de façon à préserver son espace vital, de manière à économiser l'air. Tout était irrespirable. Les vitres étaient pleines de buée ; du train, on ne voyait plus l'extérieur. Montigny-Beauchamp, Pierrelaye, Saint-Ouen-l'Aumône. Les stations défilaient au compte-goutte, le conducteur ne semblait guère pressé. Tandis que le vertige commençait à venir, j'observais les yeux écarquillés la pluie fine mais battante couler en longs bandeaux le long de la vitre. L'humidité me faisait tourner de l'œil. Je suis resté vingt minutes avec mon iPod pour seule compagnie, vingt minutes au cours desquelles j'ai cru m'évanouir cent fois. Puis enfin, Pontoise, le terminus. Là, les quais étaient déserts. Les passagers du train s'étaient comme évanouis dans la nature. Il n'y avait que des ombres, le croassement des corbeaux tournoyant dans le ciel façon vautours, quelques fantômes… Une fois dans sa vie, il faut transiter par la gare de Pontoise. Celle-ci est à ciel ouvert ; la grisaille y fait office de plafond perpétuel. Il y a peut-être huit quais en gare de Pontoise, sans compter les voies de garage.

Ce jour-là, il ne pleuvait plus mais le vent soufflait en bourrasques. J'étais trempé sous mon imperméable. Personne nulle part. Au début, cette forme de solitude urbaine angoisse. Avec les années, on finit par s'y habituer. La solitude finit par devenir banale. Elle devient normalité. Désormais, c'est l'affluence qui effraie…

Loin du soleil de Floride et des filles de Miami, j'attendais le bus là-haut sur la plate-forme, un de ces longs bus en accordéon, long, très long, transportant peut-être une soixantaine de personnes. Le genre de bus qui vous fait regretter de ne pas avoir de voiture. Ce jour-là, le véhicule de la STIVO était bondé. Moi, je déteste le bus. J'avais les pieds humides. Le chauffeur conduisait par à-coups. Accélération. Freinage. Accélération. Freinage. Feu rouge. Stop. Conducteur qui pile. Accélération. Arrivée à destination. Finalement, le bus déposa son flot de voyageurs devant l'université. Je suis sorti, j'ai dégueulé.

BAPTISTE **ROSSI**

La racine et le rameau

Lecture de *Phénoménologie de la Perception* de Maurice Merleau-Ponty

Par sa farouche rigueur, sa minutieuse intransigeance et sa pédagogie lumineuse, Maurice Merleau-Ponty nous apparaît aujourd'hui comme le Pierre Mendès-France de la philosophie contemporaine : un homme enseveli par la marée des années successives, trahi par sa lente application face aux fulgurances médiatiques, mais dont la pensée est un phare pour qui sait le lire. Ce penseur de l'engagement et du courage devant le monde, qui empoignait les cornes du visible dans un face-à-face plein de grandeur, ce philosophe qui réfléchissait à hauteur d'homme et cherchait le consentement jusque dans les pupilles de son prochain, cet homme-là peut nous livrer les clés précieuses, non seulement d'une métaphysique, ce que l'existentialisme fit avec lui et d'autres de façon merveilleuse, mais encore d'une morale, une morale généreuse et inébranlable, un arbre de paix aux racines profondes, une morale comme une lueur dans le vide nihiliste qui nous guette.

Tout philosophe a sa scène primitive et son éclair de génie, son eurêka et son *cogito*. Pour Descartes, ce fut une bougie, pour Montaigne, une chute de cheval ; Merleau-Ponty, lui, bâtit sa grande œuvre à partir d'un seul moignon : la vision d'un moignon, ce membre en moins, ce corps désormais en trop parmi la cohorte de ses semblables ; le moignon comme hapax, le moignon comme réfutation ferme et décidée des dérives spiritualistes d'un certain existentialisme.

Car on ne peut penser Merleau-Ponty, lui-même vigie du Donné, du Contexte, du Fondant, comme il le dit, on ne peut le penser de façon éthérée ; si l'on ne peut échapper à Sartrécamus, on ne peut davantage saisir l'auteur de *Sens et Non-Sens* sans passer par Sartrémerleau. Chez l'un comme chez l'autre, on trouve au fondement la même intuition, celle de Husserl revenant à Descartes. Le monde est incertain. Je marche en forêt ; si je dis que la montagne est bleue, comment être sûr que je ne rêve pas ? Qu'un malin génie ne m'aveugle pas ? Heureusement, Descartes paraît : « Mon ami, tranquillisez-vous, si vous ne pouvez affirmer avec certitude que cette montagne est bleue, du moins vous pouvez proclamer à la ville et au monde que vous êtes en train de penser que cette montagne est bleue. Oh, je sais, dans cette grande brocante du réel que mon doute est en train d'opérer, après ce grand typhon contre les illusions, c'est mince, un *je pense*, comme radeau de fortune, c'est modeste, un *cogito*, comme bagage rescapé. Mais voyez le bon côté des choses : vous n'avez pas tout perdu. Il vous reste l'élan intentionnel comme baluchon, et avec cela, je prétends faire philosophie. » Trois siècles plus tard, Husserl lui répond : « Attendez un instant, Monsieur Descartes ! D'accord le *je pense*, très bien, le *cogito*, mais enfin, si comme seul bagage il vous reste une pensée première, si c'est là votre seule valise, vous ne pouvez imaginer un *je pense* sans un *je pense quelque chose…* Parfait, la valise, mais la valise n'a de sens que pour voyager ! Le *je pense* qui vous reste, après la succession des vagues et le tsunami du doute, il ne peut exister sans un monde pour l'accueillir ; il vous faut une situation comme terrain de jeux pour votre *cogito*, avec sa petite valise, sur le quai de la gare. » La phénoménologie de Husserl réalise le système plus entièrement que Descartes ne l'avait fait : le *cogito* et le monde, fondements de l'univers à construire, l'univers à penser, l'univers à habiter.

Voilà le point du chemin existentialiste où Sartre et Merleau-Ponty se séparent. Tous deux, jusqu'à présent, sont d'accord : la conscience ne peut être sûre que d'elle-même et du monde. Après le Déluge cartésien, c'est là le début d'une épopée, celle de l'homme parmi les choses. Le royaume d'ici-bas est seulement peuplé de consciences affamées de projets, bras tendus vers un monde à viser. La conscience en tant qu'intention a de plus une qualité extraordinaire : si son essence ne réside que dans sa tension, son appétition originelle, alors il y a toujours gouffre, néant, trou, entre elle et son objet. L'ontologie de Sartre peut se résumer en une image : un âne qui avance au moyen d'une carotte oscillant de gauche à droite devant ses paupières avides. Nous sommes des ânes à l'estomac creux ; si vous croyez être intrinsèquement en train de mâcher une carotte, alors vous êtes de mauvaise foi. Oh bien sûr, quelquefois, nous sommes bien près de toucher au but ; parfois, même, de loin, on pourrait croire la carotte entre nos mâchoires. Mais n'importe qui, à tout moment, peut refaire paraître le gouffre et la béance ; la conscience thétique réinstalle les quelques millimètres qu'on croyait disparus entre nous et notre objet. Je ne serai jamais mon objet, qui ne sera jamais moi, et la bête de Buridan aura éternellement l'estomac creux. Vous, moi et ce garçon de café sommes parfaitement libres, éternellement libres, car infini détroit entre une intention et un objet, une main et son fruit, un âne et sa carotte.

Ici, Sartre s'envole vers les merveilleux nuages d'un réel congédié, au profit exclusif d'une conscience tyrannique. Je suis libre, le monde est mécanique : entre les deux, on cherche la glande pinéale. Merleau-Ponty, lui, grimace. Sartre a fini ses devoirs métaphysiques et s'en va construire une morale ; Merleau refait les comptes et recalcule l'addition. Très bien pour l'idée générale : la conscience est libre car elle peut révoquer son objet et donner du mou à sa bride. Mais enfin, si l'âne peut reculer, la main se suspendre, le garçon de café se libérer par un saisissement thétique, est-ce là une description bien réaliste de notre liberté ? Est-on voué au rêve, et à l'intranquillité ? Scrupules de Merleau. Un homme, pure conscience, est-il sans cesse capable, en redéfinissant les termes du projet existentiel, de modeler une réalité selon son élan subjectif ? C'est là que, comme preuve par l'absurde, intervient le moignon.

Dans un des prodigieux chapitres de la *Phénoménologie de la Perception* (« Le corps comme objet et la physiologie mécaniste »), Merleau-Ponty tombe donc de cheval et crie « eurêka ! » dans sa baignoire : dans un éclair, il a vu, stupéfait, les prémisses de la vérité. Il a vu un malade, un fou d'hospice : un homme, amputé, qui continue pourtant de se croire maître de son membre fantôme ; comme un long remords, comme un de ces zombies des tropiques, un de ces regrets qui s'acharnent toujours sur nos morts les plus chers, le malade voit sa jambe ou son membre, pourtant engloutis à jamais. Il faut s'imaginer le même degré de folie et de santé, d'irrationnel et de traumatisme, que pour Caïn dans sa tombe, regardé par l'œil.

Car le malade, qui voit sa jambe morte, s'en sert avec ravissement et devise de sa forme (« Ne trouvez-vous pas, docteur, qu'elle a enflé ? »). Cet homme-là est un hyper-sartrien qui s'ignore :

oui, cet homme-là prouve, de la plus absurde des façons, qu'un homme n'est jamais déterminé par la facticité d'une situation, que l'homme est un poète de tous les instants, un aventurier glorieux, pouvant pousser le gouvernail, changer de cap et aborder chaque situation en présentant le flanc qu'il souhaite ; cet homme-là est le lointain cousin du condamné à mort sartrien qui, à l'aube et au chant du coq, avant de boire la cigüe de quelque fascisme, se décide à épouser la minute et, par son heureuse détermination, change le sens de son calvaire. Car l'explication du membre fantôme, comme le détaille gravement Merleau-Ponty, n'est ni physiologique (un nerf sectionné) ni psychologique (un bête traumatisme, une petite digue de l'inconscient à faire sauter par quelques heures de palabre). La liberté de l'homme n'est ni mécaniste ni spiritualiste. Ce malade-là est malade d'existentialisme : c'est-à-dire qu'il n'a pas modifié son projet existentiel, c'est-à-dire qu'il veut, malgré tout, et *malgré la situation objective*, croire en sa liberté, s'échapper de sa situation, c'est-à-dire qu'il impose, vent debout, un sens au monde ; malheureusement, le monde a décidé, lui, de ne pas être d'accord. Le malade crie : « Regardez ! Je ne suis pas de mauvaise foi, puisque je me vis comme autre que ce moi objectivé que vous contemplez, et qui n'a plus de jambe. » Merleau-Ponty a trouvé la petite faille dans la cuirasse du sartrisme : « Oui, bien sûr, cher Jean-Paul, la conscience est négativité, béance, échappement, mais enfin, regardez, vous en conviendrez, l'homme ne peut pas tout envoyer en l'air, et la néantisation de la conscience bute parfois sur un roc solide : une jambe, ou un bras. Un homme libre, une conscience thétique, vous, moi, nous pouvons tout nier : identité, contraintes, les fusils des miliciens, la classe sociale de votre ami et la race de nos parents, nous pouvons nier le rocher sur la route de la montagne, nous pouvons changer notre tendance à être bourreau de nous-même ou idiot de la famille – mais enfin, regardez : nous ne pouvons pas nier que nous sommes corps. » Tous les hommes sont des salauds, car chacun a, ou non, deux pieds et deux bras. Ce que Merleau-Ponty propose, c'est un cartésianisme raisonnable. La réduction *ad cogito* s'épuise sur une intention nodale incarnée, ce qui paraît de bon sens et évite la distinction entre les deux étendues. Sartre avait vu que l'âne ne se confondait jamais avec sa carotte ; Merleau lui dit de ne pas oublier que cette appétition hennissante a quatre pattes et que l'âne ne peut soudain se mettre à voler.

Il faut, vraiment, lire ces pages aériennes dans lesquelles, tel un docteur de Rembrandt, Merleau-Ponty se promène parmi les corps amputés et les malades éclopés. Un cas d'anosognosie, l'exact symétrique du syndrome du membre-fantôme, et qui fait cette fois nier que l'on a bien une jambe, alors que rien ne manque, dans notre anatomie : « Le malade met hors jeu son bras paralysé pour n'avoir pas à éprouver sa déchéance, comme on évite d'écrire à un ami dont on pressent qu'il est mort. » Le projet existentiel jusqu'à son point limite : un sartrisme fou, car débridé. Chez Sartre, le complexe était justement cette incapacité à néantiser la situation actuelle, le complexe, c'était ce penchant à faire comme si le passé était toujours valable, le complexe, c'était cette folie consistant à se couler dans des habitudes hors d'usage, cette crispation dans un pli d'existence désormais hors de propos. Mais son compagnon d'existentialisme lui rétorque que notre prodigieuse capacité d'échappement a sa limite en chacun, même chez le plus sain et le plus libre d'entre nous : « [Chez l'homme sain] l'organisme joue le rôle restreint d'un complexe inné. » « Le rôle restreint d'un complexe inné » : en deux noms et autant d'adjectifs, une métaphysique de la liberté vient d'être rendue un peu plus vivable. Pour Merleau, un petit critère – oh ! pas bien grand, mais tout de même – : le temps, dont le cours ne se remonte guère et qui impose un sens, un souffle, un corps. On peut dire que le merleau-pontisme est un sartrisme qui a une montre : oui à la néantisation, à l'infinie potentialité d'échappement, mais attention ! Si le monde est vierge, si les valeurs sont à créer, alors, oui, attention à se juger à ce seul critère, ce tout petit étalon, le temps, qui énonce qu'il est absurde de nier qu'on n'a *déjà plus* de jambes. Le sartrisme a les mains sales, mais a-t-il vraiment des mains ?

Ainsi, par le corps, ce temps incarné, le philosophe a posé ce repère simple, dans le grand chambardement de l'existentialisme. On peut tout néantiser, sauf le passage de Chronos, son souffle en nous : nous ne naissons pas comme pure conscience, en une épiphanie glorieuse, dans la floraison des secondes. À chaque instant, nous devons plutôt réassumer ce sablier inférieur duquel nous figurons la pointe : notre corps, nos souvenirs, nos habitudes, qu'il faut alors projeter pour vivre. Tout est permis, puisque Dieu est mort, mais il reste de l'absurde et du vrai : la coïncidence avec le courant du grand fleuve. L'élan de la vie nous a donné l'impulsion décisive : s'il vise le ciel, un arbre ne peut pousser à rebours. N'anticipons pas sur une morale, la ligne de fuite, ici, de nos mots ; revenons plutôt à cette recherche du temps perdu, en retenant comme principe futur pour notre morale merleau-pontienne l'infinie coexistence des libertés comme ramures d'un jonc unique : le sens du temps.

Nous en étions aux vertus d'un moignon pour fonder une métaphysique.

Avec ces unijambistes et ces fous, Merleau-Ponty a donc trouvé ce qui fera la profondeur de son ontologie. Le monde n'est pas peuplé de pures libertés, de fantômes fuyants et intranquilles. Nous sommes tous des comédiens. Comme la Berma dans *Phèdre*, nous devons faire oublier l'accent de notre voix, la pâleur de notre teint, pour faire apparaître la princesse grecque ; nous devons être libres, oui, mais avec notre corps. Parfois le miracle se produit : Proust ne voit plus que Phèdre, et son mal vient de plus loin ; mais parfois non, et voilà simplement le pauvre corps de la tragédienne, qui joue faux. Nous sommes des mythes grandeur nature : à partir d'un sens littéral, nous devons tenter de faire étinceler, par-delà notre enveloppe charnelle, un surcroît de sens. C'est ainsi que nous vivons, faisant partir du donné un projet, du fondant un fondé, du réel un mythe, des mots un poème. Vouloir nier le corps, le signe, la comédienne, eh bien c'est comme vouloir jouer une sonate sans notes de musique. Dans la succession des petites perles de sons, il y a un élan, un projet, une transcendance : la mélodie. Mais celle-ci ne peut se passer de ses patientes vestales et apparaître idéellement dans le monde. Avec Merleau-Ponty, nous nous trouvons dans un royaume lumineux où le corps ne s'oppose plus à l'idée, le subjectif à l'objectif, l'être au néant – non : toutes les choses intramondaines, la peinture de Cézanne comme le mouvement ouvrier, le dormeur comme la Berma, chacun des autochtones du réel tente de vivre, avec son corps et son rêve. Les objets ne sont pas, ils apparaissent, avec leur style d'être, leur mode d'existence, ils apparaissent dans le monde et par le temps, pliés en un sens qui pourtant les laisse libres de bifurquer. Tout est geste, jeu, tic, printemps de la sensation se révélant à qui veut sentir et percevoir : couleurs, paroles, odeurs. Feuilles de jour, mousse de rosée, roseaux du vent, sourires parfumés : chaque objet de la perception perd toute objectivité réifiante pour devenir comédien, courtisane pour tel regard qui sait s'ouvrir, s'ouvrir et l'accueillir, l'accueillir et construire le sens à deux, dans une incessante embrassade. « La lumière d'une bougie change d'aspect pour l'enfant quand, après une brûlure, elle cesse d'attirer sa main et devient repoussante. » L'enfant qui se brûle à une flamme ne la voit plus que comme source de chaleur et de douleur, il la perçoit désormais comme flamme-ennemie, flamme-méchante : le monde entier est peuplé d'esprits, aux caractères singuliers. Le banal a un nom propre. Un objet apparaît attrayant ou repoussant avant d'apparaître noir, bleu, circulaire ou carré. Entre la flamme et moi, pas de sens objectif, sinon celui imposé par le temps, mais par là prêt à devenir autre : entre la flamme et moi, un sens à construire ; entre la flamme et moi, un espace à enlacer. Le monde se propose à nous, n'existe que par nous : la perception est une invitation au voyage. « Le regard est ce génie perceptif au-dessous du sujet pensant qui sait donner aux choses la réponse juste qu'elles attendaient pour exister devant nous. » Et en même temps, le monde existe par lui-même, en dehors de nous : « La chose et le monde n'existent que vécus par moi ou par des sujets tels que moi, puisqu'ils sont l'enchaînement de nos perspectives, mais ils transcendent toutes les perspectives, parce que cet enchaînement est temporel et inachevé. Il me semble que le monde se vit lui-même hors de moi comme les paysages absents continuent de se vivre au-delà de mon champ visuel et comme mon passé s'est vécu autrefois en deçà de mon présent. » Par l'effrayante solitude du temps et de son cortège de fantômes disparus, de contemporains invisibles et de générations à naître, par là même je corrige une illusion subjectiviste (à la Malebranche : le monde est un film et n'existe que dans l'espace de mes pupilles) en redécouvrant la cohorte de ceux qui vont à mes côtés et des décors qui s'avancent à mon rythme.

Dans une langue jamais jargonneuse, Merleau-Ponty observe ce spectacle du monde, détaille, un à un, cette farandole de comédiens, depuis le cube devant moi jusqu'à l'Union Soviétique : tous, selon leur humeur ou leur projet, veulent s'échapper d'un donné réifiant. Carnaval de bouffons. Nous ne sommes donc pas des fontaines à néant, mais de pauvres artisans du creux et du pli, entre la conscience et son objet. Le monde de Merleau-Ponty est un théâtre de pantomimes, une description acérée mais juste des potentialités du réel et de ses immanquables défauts ; tout cela, faut-il le rappeler, en inférant à partir de « membres fantômes » et d'anosognosies : Merleau-Ponty s'appesantit longuement sur ces cas cliniques car, de la même façon que Darwin, d'un œuf de caille, induisait pas à pas tous les échelons de la création jusqu'à la Genèse, le philosophe parvient, à partir de ces simples moignons et de pauvres fous, à bâtir non seulement une métaphysique, non seulement une esthétique, une linguistique, une politique, mais encore une morale.

Nous nous concentrerons ici sur la morale, c'est-à-dire la façon dont cette métaphysique peut s'appliquer à la vie des hommes et les réconcilier avec le monde.

*

On l'a dit, cette ontologie fait du temps un élan, du corps une racine, du ciel infini notre but : une ontologie qui fait de nous autres humains des législateurs sous conditions. Excepté le temps, exceptées ses ruines : la chair en nous, excepté le monde, notre destin, eh bien nous pouvons tout créer. C'est-à-dire qu'à mi-chemin entre Heidegger et Sartre, retenus par l'un, entraînés par le second, nous voici à la fois libres et guidés ; nous avons à la fois le chemin et l'ardeur, à la fois le bâton et l'étoile. « Je suis un temps qui ne s'écoule ni ne change : la subjectivité a la même structure que la temporalité. Le temps est quelqu'un, se confirme et se recouvre dans toutes ses dimensions temporelles, chacune explicitant la précédente. Il faut comprendre le Temps comme sujet et le sujet comme temps. Je ne suis pas dans le temps : je l'assume et je le vis. » Ainsi, on voit très bien comment Merleau combat Sartre par Heidegger, et Heidegger par Sartre : la liberté absolue est limitée par une fin nécessaire, et si « être-pour-la-mort » n'est jamais écrit, Merleau l'a sur le bout des lèvres. Mais en même temps, l'authenticité et la coïncidence ne sont que le bord inférieur de notre liberté, et non un étalon suprême. On peut tout faire, à condition d'être sage, de rester dans le probable, dans le médian, le statistique, le régulier, au sens propre : à condition de ne pas chercher midi à quatorze heures. Non pas vouer un culte à l'horloge, à la racine, à la présence cherchée au ras du sol comme des champignons en forêt, mais vivre en n'oubliant pas que demain vient après, et que du passé l'accumulation proustienne a sédimenté en nous les alluvions nécessaires et d'abord, donc, ce corps. Sartre est un athée du Temps, Heidegger un fanatique cénobite, Merleau-Ponty un bon chrétien qui rend ses offices le dimanche et vit sa vie les six jours restants. Sa pensée n'est pas ou plus une révolte, mais une émancipation. Du reste, la métaphore n'a rien de badin : Merleau-Ponty a tout du chrétien, par son sentiment de la création originelle, son attrait pour les corps déjà autres, sa transsubstantiation éclose dans le sensible. Seulement, tout, pour lui, est une hostie, poème vers l'ailleurs, par la carnation. Mais ceci mériterait une thèse, et la place nous manque ici. Continuons plutôt vers notre morale.

C'est peut-être toute l'infinie beauté de Merleau-Ponty : ce qui vaut pour le microcosme s'agrandit docilement vers le macrocosme ; de l'homme, on va passer à l'Histoire. Si je ne peux faire comme si je n'avais pas de corps, si, justement, je dois vivre avec cet amas de chair et d'os, le plus vif et cruel rappel de cette vie à sens unique, car temporalisée, que je mène, eh bien, en ramassant mon donné, mon vécu, mon passé, je peux tenter d'en infléchir la course. Je modifie le temps en le réassumant. Je ne saborde pas l'héritage pour tenter ma chance dans une autre ville ; je reprends le passif, dettes comprises. Pas la pure liberté, folle et sans attaches, mais pas non plus l'écrasement, le servile labour d'un sillon tracé vers sa fin. Ni Sartre ni Heidegger. Il en découle deux choses fondamentales, comme viatique pour qui veut vivre.

D'abord, on trouve chez Merleau-Ponty, dans sa conception de l'Histoire, une pensée de l'inertie. Si le sens a un penchant naturel d'hier vers demain, si, par nature, avant d'être liberté, je suis seulement corps, alors, quand je n'y pense pas, je me réifie en donné, en fondant. Je suis inscrit dans le cours d'un fleuve ; je peux certes en déborder le rivage, mais ma pente naturelle réside dans l'écoulement. D'où une théorie proprement lumineuse de l'Histoire chez Merleau-Ponty : se trouve enfin arbitré l'éternel débat entre le héros, qui crée le sens de l'Histoire, et la structure qui, mécaniquement, établit les lendemains à partir de la dynamique d'aujourd'hui. Entre Napoléon et les phases du capitalisme : un partout, balle au centre. Tout comme je suis à la fois corps et liberté, l'Histoire est *à la fois* économie et génie individuel ; si la Révolution française éclate, c'est comme réalisation d'un potentiel qui s'offrait à Danton et Robespierre, mais qu'eux seuls ont librement choisi de faire éclore. « Cela revient à dire que nous donnons un sens à l'Histoire mais non sans qu'elle nous le propose » : l'Histoire avait accumulé un nombre important de barils de poudre prêts à exploser (l'absence de vecteur de sociabilité entre le Roi et son peuple, les idéaux des Lumières, les mauvaises récoltes, un hiver affreux, une bourgeoisie avide) mais seuls nous, hommes libres, décidons d'y mettre le feu. Cela ne veut pas dire que nous soyons absolument inconditionnés et non-déterminés : Robespierre ne peut pas non plus, en 1793, faire le socialisme, sans l'électricité ; il doit composer, lui aussi, avec la bourgeoisie, l'hiver, la Prusse. Parfois même, on est aspiré, entraîné par les logiques internes de la grosse machine historique. Mais c'est là un réflexe, pas une fatalité. Nicolas II se moule, par nature, dans le rôle de Louis XVI, comme notre système nerveux nous fait retirer spontanément la main du feu. Telle est la théorie existentielle de l'Histoire : estimer que « [C]'est seulement à l'approche d'une révolution que l'histoire serre de plus près l'économie, comme dans la vie individuelle la maladie assujettit l'homme au corps. » Quand je suis malade, je ne suis plus que corps. En 1917, la Russie n'est plus qu'infrastructure. Le reste du temps, nous sommes libres, c'est-à-dire bercés par le flux univoque de l'inertie, mais puissants à en dévier le cours indolent. Pour rattacher la théorie de l'Histoire de Merleau-Ponty à ce que l'on a dit auparavant sur son ontologie générale, disons que le sens du monde est à construire, exactement comme un comédien, un cube, un ami ou un Cézanne tente d'apparaître : l'Histoire est simplement le rôle d'un pantomime innombrable, un funambule de théâtre que nous constituons tous, frères humains.

Disons, sans facilité, que le merleau-pontisme est un humanisme. Peut-être le plus conséquent des humanismes, peut-être le plus cuirassé, le plus ignifugé des humanismes, en tout cas l'humanisme le plus cadenassé contre tout déterminisme : certes, les causalités sont nombreuses, mais je peux, dans la limite exacte du poids que j'y porte, les repousser, les enfreindre. Corps, structure, déterminations, psyché, classe ? Bien sûr. Évidemment. Ne les nions pas, purement et simplement, comme le fait l'existentialisme le plus intransigeant. Mais du moins, je peux tenter de les faire dévier. Comme le poète manie les mots au sens enkysté, pour incurver leur signifiance, comme la Berma s'efforce de transcender le fantôme de son propre corps pour faire apparaître l'absente de tout théâtre, je tente, modestement, de faire advenir ce surplus rongé à la contingence qui est mon style d'être, mon être-au-monde.

À ce stade, nous avons donc deux ingrédients pour notre morale. Tout d'abord, un potentiel de liberté : cet humanisme de la Berma, qui ne peut pas l'infini mais essaie malgré tout, en luttant contre le corps au niveau du microcosme, contre la structure au niveau du macrocosme ; et une limite inférieure à l'exercice de cette liberté humaine : le temps, et son revers : l'absurde. Comme le malade et son membre-fantôme : je suis libre mais un peu contraint tout de même. Enfin, comme allié, ou adversaire, on trouve chez Merleau-Ponty cet inexorable effet d'inertie, ce sens potentiel, ce lendemain en germe dans le crépuscule du soir, cette voie moyenne de l'homme conquérant son futur. Nous avons le début de la course, le chemin de réflexe, la liberté de courir – mais où aller ? Quelle fin viser, dans ce monde sans valeurs où ce qui compte, c'est seulement la non-absurdité d'un être-au-monde ? Que faut-il placer comme Bien suprême, dans ce Royaume où les seuls étalons sont statistiques, moyens, probables ? Si je suis emporté dans ma course mais que j'ai la liberté de bifurquer, comment choisir ? Au moins, avec Heidegger, la fin était assignée ; chez Sartre, elle était d'ores et déjà posée comme totalement libre ; mais chez Merleau, ce penseur du sens prêt à bourgeonner dans ce monde encore vierge ?

Difficile tâche, que ne résout pas, du moins pas explicitement, la *Phénoménologie de la Perception*. Trouver une morale, un étalon, des valeurs, au sein de cette vaste étendue où l'infinie diffraction des perceptions dessine des objets moyens (telle montagne est un bloc que chacun appréhende différemment, distordant un sens statistique), en voilà un beau défi, pour un homme qui considérait la philosophie comme une arme de guerre contre toutes les lâchetés, comme un canif tranchant tous les liens de servitude.

C'est la difficulté, et peut-être aussi son moyen de résolution. En effet, nous voici confrontés à un monde à habiter dont le sens ultime n'est donné que par la superposition des regards : absence de transcendance que d'aucuns pourraient trouver superbement tragique. La vie, l'amour, cette chaise : rien d'idéal, d'idéel, mais seulement ce tango mené à deux, entre deux êtres-au-monde. Les hommes sont des artistes et l'on a tout à coup l'angoisse de la page blanche. Mais la leçon lumineuse de Merleau-Ponty réside peut-être dans son ultime aporie : la nécessité du débat et du pluriel, alliée à l'inévitable prise en charge d'un *bon sens* (contre l'absurde liberté ultra-sartrienne), n'est-ce pas, précisément, ce que chacun chérirait aux temps démocratiques ? Cette cathédrale de regards, cette constellation d'êtres-au-monde dessinant par pointillisme des perceptions diverses une vision unique, n'est-ce pas, finalement, la Cité démocratique ? Ce tableau impressionniste dans lequel, de la diversité polyphonique, se découvre un sens qui n'est pas naturel mais se déduit, se malmène depuis le fondant, n'est-il pas, à la fin, à mi-chemin entre la liberté des hommes et l'harmonie avec l'ordre du monde, ce que la politique peut espérer de meilleur ? Cela semble peut-être infime, mais à l'heure où les Modernes ont parcouru l'entier cheminement de leur émancipation et se retrouvent de nouveau confrontés à la question de savoir ce qui est naturel et ce qui ne l'est pas, ce qui est inné et ce qui est acquis, ce que l'on doit faire de notre corps et de notre terre, eh bien, ce double souci du monde comme palette et de l'homme comme artiste, cette double inquiétude, nous disons aujourd'hui qu'elle fonde toute la modernité de Maurice Merleau-Ponty.

*

À la fin, on s'en rend compte : c'était donc un mime blanc, un funambule fardé et fêtard, et non pas le cadavre d'un inconnu. Dans *Blow Up*, le photographe et héros du film s'embarque dans une intrigue de roman de gare à cause d'une seule et unique mauvaise perception : ce corps étendu n'était qu'un pitre aviné. Ce corps, visible sur la photo, n'était pas mort, mais endormi ; ce pistolet, entrevu, ne se dessinait parmi les branchages que par la réfraction de lettres capitales, sur un panneau publicitaire. Le destin avait dit farce là où le héros aurait juré : meurtre. La vérité du monde se dérobe sous nos yeux, en quelques images fugaces où la compréhension de l'énigme anéantit et le rêve et le film. Mais durant deux heures du cinéma le plus magistral qui soit, Antonioni nous fait habiter ce monde différent et bien plus beau où, par la grâce de son regard et avec la complicité du nôtre, à partir d'un fond mystérieux et indéfini, s'élabore, à chaque plan, puis à chaque scène, et enfin à l'échelle de l'œuvre entière, un espace artistique, poétique, dans lequel l'esprit vagabonde et nos désirs, nos fantasmes, dévoient le monde vers un ailleurs infiniment plus fécond. Royaume de l'ambiguïté, du *double sens* ; vastes Florides qui ne sont plus régentées ni par l'absurde libertaire d'un côté, ni par le conformisme plat de l'autre. Dans cet entrelacement amusé des regards, la liberté s'égare et s'éprouve dans la grâce. Certes, le mime était endormi, mais qu'il fût défunt était tout de même bien plus drôle, et bien plus mystérieux – ami spectateur, n'en as-tu pas retiré cent douze minutes de troublante beauté ? Dieu est mort, tout est permis : non pas contre le fleuve des images données, mais avec lui. Non plus une révolte, mais un pacte. Double alliance : des hommes entre eux, et d'eux avec le monde, ici déposé sur la pellicule. *Blow Up* est donc un film essentiel de Michelangelo Antonioni, *Blow Up* est donc une œuvre géniale de Maurice Merleau-Ponty. *Blow Up* n'est-il pas, en fin de compte, une propédeutique à la morale des temps démocratiques ?

FERNANDO ARRABAL écrivain, cinéaste.
Dernier ouvrage paru : *El Greco*, Casimiro libros, 2013.

JEAN-PIERRE BOULÉ professeur à l'université de Nottingham Trent
(Royaume-Uni).
Dernier ouvrage paru : *Existentialism and Contemporary Cinema: A
Beauvoirian Perspective*, avec Ursula Tidd, Berghahn Books, 2012.
Ouvrage à paraître : *Autour de la photographie*, avec Arnaud Genon,
Presses Universitaires de Lyon.

OLIVIER CORPET chercheur au CNRS et directeur de l'Institut Mémoires
de l'Édition Contemporaine (IMEC).
Dernier ouvrage paru : édition des *Lettres à Hélène de Louis Althusser*,
Grasset, 2011.

MARCEL FLEISS galeriste.
Expert en art surréaliste et dada, fondateur de la galerie 1900-2000.

DONATIEN GRAU auteur.
Dernier ouvrage paru : *Tout contre-Beuve*, Grasset, 2013.

EDUARDO KAC artiste.
Dernière exposition : Musée Reina Sofía, Madrid, « Losing the human
form » (octobre 2012 - mars 2013).
Prochaine exposition au Centre Georges Pompidou, mai 2013.

GYÖRGY KONRÁD écrivain, essayiste et membre du comité éditorial de *La
Règle du Jeu*.
Dernier ouvrage paru en français : *Départ et retour*, Mille et une nuits, 2002

YANN MOIX écrivain et cinéaste.
Dernier ouvrage paru : *La meute*, Grasset, 2010.
Dernier film : *Cinéman*, 2009.
Ouvrage à paraître : *Naissance*, Grasset, 2013.

EDGARD MORIN sociologue, philosophe.
Dernier ouvrage paru : *Mon Paris, ma mémoire*, Fayard, 2013.

BAPTISTE ROSSI collaborateur de *La Règle du jeu*.

LAURENT-DAVID SAMAMA journaliste et écrivain.
Dernier ouvrage paru : *La défaite dépasse toutes nos espérances*,
Plon, 2006.

ALAIN-DIDIER WEILL psychiatre, dramaturge.
Dernier ouvrage paru : *Quartier Lacan*, Camps essais, 2010.

Abonnement annuel (3 numéros)
France et DOM-TOM : 50 euros
Étranger : 55 euros
Étudiant : 40 euros (joindre une photocopie de la carte d'étudiant)
Frais de port inclus

Nom

Prénom

Adresse

Courriel

Bulletin à retourner accompagné d'un chèque
à l'ordre de « La Règle du jeu » à :
La Règle du jeu - 61, rue des Saints-Pères - 75006 Paris - France

---

Pour commander un numéro déjà paru, cocher la case
correspondante et adresser un chèque de 20 euros
par numéro commandé à :
La Règle du jeu - 61, rue des Saints-Pères - 75006 Paris - France

☐ 1	☐ 12	☐ 23	☐ 34	☐ 45
☐ 2	☐ 13	☐ 24	☐ 35	☐ 46
☐ 3	☐ 14	☐ 25	☐ 36	☐ 47
☐ 4	☐ 15	☐ 26	☐ 37	☐ 48
☐ 5	☐ 16	☐ 27	☐ 38	☐ 49
☐ 6	☐ 17	☐ 28	☐ 39	☐ 50
☐ 7	☐ 18	☐ 29	☐ 40	☐ 51
☐ 8	☐ 19	☐ 30	☐ 41	
☐ 9	☐ 20	☐ 31	☐ 42	
☐ 10	☐ 21	☐ 32	☐ 43	
☐ 11	☐ 22	☐ 33	☐ 44	

Vous pouvez également vous abonner ou commander un numéro déjà
paru par mail : abonnement@laregledujeu.org

ou sur notre site **WWW.LAREGLEDUJEU.ORG**

23ᵉ ANNÉE . MAI 2013 . **N°52**
DIRECTEUR **BERNARD-HENRI LÉVY**

Trois parutions par an
Prochaine parution
N° 53, septembre 2013

LE SITE DE LA REVUE
WWW.LAREGLEDUJEU.ORG

Diffusion Prolivre et Hachette

La revue ne répond pas des manuscrits qui lui sont adressés.
Les manuscrits non publiés ne sont pas rendus.

Imprimé en France
Achevé d'imprimer par SAGIM en janvier 2013
sur rotative Variquik à Courty (77)
Dépôt légal : janvier 2013
Relecture : Carine Brenner
Maquette : Patrick Fabre
N° d'impression : 11364
N° d'édition : 15773

L'imprimerie Sagim est titulaire de la marque
Imprim'vert® depuis 2004.